ÉTUDES.

ETUDES.

PREMIER CAHIER;

Contenant l'appel au Public même, du jugement du Public sur Jean-Jacques Rousseau, ou la discussion analytique de la première partie du Discours de cet Ecrivain sur l'origine de l'inégalité parmi les hommes; avec diverses dissertations sur des sujets importans qui se lient au sujet primordial.

Cum consommaverit homo, tunc incipiet.

Le prix du Cahier est de Cinquante sols, celui des Observations est de Huit sols.

A PARIS,
DE L'IMPRIMERIE DE GUERBART,
Place Sorbonne.

OBSERVATIONS.

Avant tout, l'on prévient celui qui n'aime que les nouveautés, que l'impression de ce premier Cahier des Etudes fut commencée il y a onze ans, et qu'il en a été distribué déjà grand nombre d'exemplaires.

Celui qui ne lit que les anciens Auteurs, que bien des livres faits hier sont moins nouveaux que celui-ci.

Celui qui ne peut supporter une lecture grave, que cette Etude est abstraite.

Celui qui n'abaisse pas son esprit au dessous du genre sublime, que des personnes les plus simples et jusqu'à de jeunes personnes du séxe lisent avidemment cette brochure.

Celui que le seul mot Religion feroit tomber en sincope, que les opinions religieuses se trouvent répandues dans ce livre comme s'il n'eût été fait que pour rappeller les hommes à la Religion.

Celui qui concentre ses lectures dans le

genre mystique, que peu d'ouvrages sont plus profânes que celui-ci.

Que l'Aristocrate sçache aussi qu'il y a là de la Démocratie à plein collier; et le Démocrate qu'il s'y trouve une Aristocratie décidée. Le Royaliste, que l'on y démontre l'égalité; l'Anarchiste, la nécessité des lois; et le Juriste, la nécessité de les observer.

Quelque soit le succès de cette annonce, l'on dût, avant tout, rendre cet hommage à la vérité, en un livre consacré, par-dessus tout, à la *vérité* même.

A qui donc cette lecture convient-elle? à qui donc ne convient-elle pas s'il s'y trouve pour et contre le goût, le préjugé et la passion de chacun? L'on ne sçait; mais de même que Socrate trouvoit sa maison assez grande, pourvu qu'il n'y vit que de vrais amis, l'Etudiant aura des Lecteurs assez, s'il n'a que de vrais Lecteurs; s'il a pour Lecteurs des co-Etudians; oui ses Lecteurs doivent être ses co-Etudians, il n'en excepte pas ceux qui s'érigeront en ses censeurs, ni même ceux qui voudront bien être ses maîtres ; car l'étude n'est pas pour les seuls ignorans, et les sçavans trouvent à étudier à la vue d'un brin d'herbe.

Ces Etudes furent commencées sous le nom d'*Etudes politiques* ; l'Etudiant y avoit été amené par suite d'un Concours patriotique, et par l'enchaînement de ses affaires privées et de circonstances publiques ; mais ayant été conduit de sujet en sujet jusqu'à des dissertations métaphysiques, il ne voit plus de titre convenable, que le titre indéfini : Etudes.

Il existe dans l'univers moral et physique, une liaison incompréhensible qui unit tout à tout ; l'atome à tous les mondes, dont il est le premier élément, tous les élémens à l'homme, l'homme à Dieu auquel tout se rapporte comme tout en est provenu ; tellement que l'on n'a pas conçu son propre sujet, tant que l'on n'est pas remonté à cet Etre, à ce vrai sujet de tous les sujets.

Aussi toutes les sciences (quand la comprendra-t-on cette vérité si importante) toutes les sciences, sans exception, ne sont que des chapitres de la science métaphysique ou divine ; et toutes celles que l'on ne cultive pas sous ce point de vue, sont mal conçues et détournées de leur emploi naturel.

Avoit-il conçu son sujet celui qui plaçoit dans l'atome la toute-puissance, qui ne reconnoissoit point d'autre tout-puissant que l'atome.

S'entendoit-il lui-même ce payen moderne, qui nous disoit :

Si Dieu n'existoit pas, il faudroit l'inventer.

Comme si l'on pouvoit trouver ce qui n'existeroit pas, car trouver et inventer sont synonimes, *invenire.*

Si l'Etre des Etres n'existoit pas, quel être pourroit exister? et où seroit l'inventeur.

Comment le rayon de la Divinité existeroit-il dans l'homme si la Divinité elle-même n'existoit pas ; et si le rayon de la Divinité n'étoit pas en l'homme non plus qu'il n'est dans l'animal, que seroit l'homme de plus que l'animal, et quel besoin auroit-il, plus que lui, d'inventer Dieu.

Comment existeroit le nom même de Dieu, si Dieu lui-même n'existoit pas, ne sçait-on pas que l'Etre des Etres, *celui qui est* est lui-même son propre nom? Donnons le surnom, *Dieu*, à celui qui est; que chaque Nation aussi le surnomme à sa guise, son vrai nom est l'*Etre*; et certes il n'y auroit point d'Etres, si l'*Etre* lui même n'étoit pas.

Qui dit Dieu, dit l'Etre nécessaire, ces deux mots sont inséparables. Si Dieu n'étoit pas, il ne seroit donc pas nécessaire; et, selon Voltaire néanmoins, il seroit si nécessaire, qu'il faudroit l'inventer: ainsi donc, si Dieu n'étoit pas nécessaire, Dieu serait nécessaire; voilà tout ce que ce vers exprime, et l'on défie qui que ce soit, de trouver aucun autre sens à cet oracle Voltairien.

Et parce que Dieu seroit nécessaire si Dieu n'étoit pas nécessaire, Voltaire plus nécessaire que Dieu, puisqu'il auroit été quand même Dieu ne seroit pas, Voltaire publie la nécessité qu'il y auroit à inventer Dieu, s'il n'y avoit pas de nécessité à ce que Dieu existât.

L'esprit se fatigue à repasser les absurdités renfermées dans ce célèbre adage, l'un des traits pourtant le plus approuvés de tout ce qu'à dit cet homme si puissant en mots, cet oracle des esprits-forts, ce roi de la moderne philosophie ; c'est donc à nous autres ignorans à nous écrier : *Midas, le Roi Midas a des oreilles d'âne.*

N'est-ce pas, en effet, un jugement *Midasien*, n'est-ce pas comme Midas préférer Pan à Apollon que de préférer un Dieu créé par l'homme, à Dieu créateur de l'Univers.

Pendant le cours de près d'un siècle, Voltaire ne peut inventer Dieu qui est, Dieu qui se fait voir à lui en toutes choses, et ce même Voltaire auroit pu trouver Dieu si Dieu n'eût pas existé.

Inventons Dieu, nous dit Voltaire, Millionnaire ; Voltaire, Sans-Culotte, auroit dit *à bas la Divinité:* car, s'il falloit un Dieu à Voltaire, riche et dominant, pour lui garantir ses jouissances, il n'en falloit point à Voltaire dominé ou sujet à son tour, et passionné pour l'indépendance.

Voltaire, au surplus, étoit en cela ce que sont presque tous les hommes, ce qu'ont été sur-tout presque tous les François dans la révolution. Combien, en effet, sans être des *Janus*, se sont trouvés à deux visages? *Démocrates* par profession, mais ne l'étant de fait qu'à l'égard de leurs supérieurs, et n'en étant que plus Aristocrates à l'égard des autres hommes, voilà les Jacobins ou Plébeyens. *Aristocrates* par profession, mais ne l'étant de fait qu'envers leurs inférieurs, et n'en étant que plus Démocrates envers leurs supérieurs, voilà les Royalistes, ou Patriciens. Avec cela une immoralité portée à son comble, qu'en pouvoit-il résulter? ce que l'on a vu. Mais revenons à notre inventeur.

Son adage, sous le point de vue dogmatique, son adage, ne le voit-on pas, est une chose affreuse, puisqu'il renferme dans un seul trait de plume, toutes les attaques possibles contre l'existence de Dieu.

Dire que Dieu puisse n'être pas; oui, c'est dire, *Dieu n'est pas*, dire que Dieu soit inventable, c'est dire : *Dieu est inventé*.

Car, dire qu'il se puisse que Dieu ne soit pas, tandis que le Monde est; c'est bien dire que Dieu n'est pas nécessaire pour que le Monde soit : donc, c'est dire que Dieu (Etre essentiellement nécessaire selon les Hommes) n'est qu'une pure invention des Hommes.

Oui, c'est dans cette hypothèse, l'Homme et non pas Dieu qui est l'Etre nécessaire, peut-on même croire véritablement que Dieu soit, en même-tems que l'on croit que l'Homme puisse être sans que Dieu soit existant.

Les Payens, si l'on en excepte les sectes des Matérialistes, les Payens qui défiguroient tant la Divinité, n'en regardoient pas au moins l'invention comme possible. En un mot, ils ne croyoient pas qu'il n'y eût en Dieu de nécessaire, qu'un nom inventé.

Aussi ce trait suffit seul pour prouver que le Déisme Voltairien n'est qu'un matérialisme déguisé.

Or, si l'on vit tant d'abominations chez les Payens en qui l'image de Dieu n'étoit que défigurée, que seroit-ce chez des Hommes en qui cette Divine Image seroit effacée au point de regarder Dieu comme étant de pure invention ! Oui, le crime divinisé, la vertu exterminée, l'excès de l'abomination, joint au comble de l'absurdité, tel seroit le fruit de ce *Matérialidéisme*, dont toutes les impiétés qui, selon le dire général, ont tant grossi les volumineuses productions de Voltaire, ne peuvent être que la reproduction et le délayement, ainsi qu'elles furent la semence et l'annonce des plus affreux malheurs.

Mais, dira-t-on, le sens de ce vers doit s'expliquer par les vers précédens. Tout au contraire, c'est dans cet adage, dont le sens déterminé et sentencieux est parfaitement indépendant de ce qui peut le précéder ou le suivre, que l'Auteur a renfermé sa véritable opinion, assez connue d'ailleurs pour que l'on ne puisse s'y méprendre. Il ne pouvoit, à l'époque à laquelle il écrivoit, dire tout cruement : »Il n'y a point de Dieu, la Reli» gion n'est qu'une invention ». Il a donc dû prendre une tournure plus adroite, et pour éviter de se trouver aux prises avec le Gouvernement, et pour insinuer son opinion et lui procurer cette prodigieuse influence qu'on lui a vu parmi la race devenue si populeuse de ces Philosophes-singes, qui se regardent comme des Voltaires, pourvu qu'ils croyent à son Dieu inventé, et qu'ils laissent aux esprits foibles à croire en Dieu créateur.

Pour ne voir pas combien cette ruse de Voltaire lui a réussi, il faudroit être sans yeux et sans oreilles comme sans jugement.

Admettons cependant qu'il soit possible que Voltaire ait proféré ces paroles innocemment, toujours faudra-t-il conclure que si le plus bel esprit du dix-huitième siècle, le génie le plus universel peut être, n'a pu s'essayer à rendre par extraordinaire, un hommage à Dieu, sans prononcer un blasphème ; si tant d'autres esprits-forts s'y sont mépris au point de prendre ce blasphème pour une Hymne à la gloire de Dieu, rien ne fait mieux voir combien la science profânée et détournée de son objet véritable répand de ténèbres dans l'esprit, et dans quel aveuglement la vanité les plonge, ceux-là qui placent en eux-mêmes le terme de leur sçavoir.

Veut-on des hautes régions de la métaphysique, redescendre dans la sphère de la simple politique, on est frappé de voir dans l'esprit des philosophes, des ténèbres non moins épaisses. Témoin cet autre adage du même Voltaire :

Le premier qui fut Roi, fut un Soldat heureux.

Inventer le premier qui fut Roi ne devoit être, en effet, qu'un jeu pour celui qui parloit d'inventer Dieu. Mais où voit-on l'idée d'un Soldat heureux dans les Patriarches qui furent les premiers Rois du genre-humain ?

Comment y auroit-il eu des Soldats avant qu'aucun chef eût existé? Comment y auroit-il eu des soldés avant des soldans, des commandés avant des commandans, sur-tout parmi des êtres en qui la passion de commander est si dominante, et dont chacun se regarde comme un Roi détrôné. Aussi est ce par oubli, sans doute, que Voltaire nous a présenté son premier Roi, prétendu Soldat, avant d'avoir trouvé aucun Soldat. Que si l'un de ceux à qui Voltaire a laissé son esprit, s'avisoit, pour réparer cet oubli, de nous dire aussi sentencieusement :

Le premier des Soldats fut un Roi malheureux :

Peut-être n'auroit-il pas plus mal rencontré que son maître.

Quoi qu'il en soit, le Gouvernement naturel et patriarchal que nos Philosophes-politiques ne peuvent mettre à l'écart avec tant de mépris, sans faire voir combien ils sont peu politiques et peu philosophes, ce Gouvernement patriarchal ne laisse ouverture à aucune de ces difficultés. Rois et Soldats y sont donnés par la nature, s'y trouvent rangés tout naturellement. Nulle trace dans l'Histoire d'autre Gouvernement, pendant le premier âge du monde et au commencement du second, les bons Gouvernemens sont l'imitation, les mauvais sont l'abus de celui-là. Toutes les formes de Gouvernement y sont comprises, comme tous les Gouvernemens sont compris dans chacun

chacun d'eux; le Gouvernement patriarchal ou naturel offre, en un mot, d'importantes observations en abondance, et l'on regrette de ne pouvoir s'arrêter plus long-tems ici sur ce chapitre.

Aulieu de cette question oiseuse, touchant le premier qui fut Roi, veut-on, chercher le premier qui se fit Roi? l'on trouvera autant de fausseté et de bisarerie dans la solution du soldat heureux.

Le premier qui se fit Roi, l'Histoire Sacrée et profâne nous le dit; elle nous apprend son nom, sa naissance: c'est Nimbrot, arrière petit fils du *Roi* Noé; l'Histoire le signale et le caractétise: c'étoit un puissant Chasseur; elle dit la circonstance et l'époque de ce grand événement; ce fut lorsque le genre-humain tomba dans la confusion. A ce récit, le Lecteur, s'il est attentif, se trouve présent à la catastrophe, il la voit comme si elle se passoit sous ses yeux; il contemple cet homme fameux qui, après avoir exercé la puissance de son bras contre les animaux, fondre, par la puissance de son génie, son empire sur ses semblables, sur ses frères tombés dans la confusion.

Le voilà le premier qui se fit Roi, voilà qui il étoit, quand et comment il se fit Roi; et ce premier qui se fit Roi, n'est pas le premier qui fut Roi, puisque les Rois naturels et Patriarchaux ont été avant tous les autres.

Qu'est auprés de ce récit du Moyse des Hébreux, le rapport du Moyse des Incroyans; au lieu de ces traits caractéristiques qui, dans l'hébreux, rendent la vérité frappante, que trouve-t-on dans le rapport Voltairien? C'est un point à examiner. Voltaire affecte de s'écarter des notions consacrées, et ne veut autre chose que le bonheur, sort ou hasard, pour faire un Roi d'un Soldat. L'unique sens donc de ce beau vers du grand Poëte, du grand Historien, du grand Philosophe de Ferney, c'est que le premier qui fut Roi, fut un Soldat tiré au sort. *Risum teneatis amici.*

Son Soldat heureux n'est pas plus heureux sous le rapport philosophique; le premier, par exemple, qui fut Roi en France, fut

Pharamond ; c'est même ce Prince que Voltaire paroit avoir principalement en vue : la balance penchoit, selon quelques vieilles Chroniques, en faveur de Montmorenci, qui refusa la Royauté, reste à sçavoir moralement quel étoit le plus heureux du Soldat Pharamond, ou du Soldat Montmorenci (1) ; car l'on peut dire en imitant un célébre adage du Grand Corneille.

La vertu rend heureux, et non pas la Couronne.

Or, pourquoi tant de ténèbres en de si

---

(1) Cette anecdote, à la vérité, est très-peu connue, l'Etudiant la tient d'un homme versé dans la connoissance des généalogies et des antiquités, qui la puisée dans une vieille chronique.

Quoi qu'il en soit, combien en a-t-on vu abdiquer la Couronne ou refuser de la porter. La question donc quelle concerne un Montmorenci ou un autre, est toujours la même. Celui qui porte la Couronne est-il plus heureux que celui qui la refuse, Question propre à exercer la sagacité de nos Philosohes et de nos politiques, et que Voltaire décide sans examen. Le vers est pompeux, il s'adapte à son sujet, il contrario l'Ecriture, que falloit-il de plus a Voltaire? Nous sça-

beaux esprits ! c'est, on le repète, parce qu'ils rapportent tout à eux, et que ne voulant voir qu'eux, étant eux-mêmes leur propre fin, le principe et la fin de toutes choses leur échappe et s'éclipse par une conséquence nécessaire de cette habituelle disposition de leur ame.

Mais aux yeux de l'homme attentif qui cherche la vérité pour la vérité même, le principe de toutes choses se montre en toutes choses, tellement que l'on ne peut partir d'aucun point sans que de conséqueuce en conséquence, l'on ne remonte jusqu'à l'Etre en qui tout se lie; pourvu que l'on ne cesse pas d'être mu par un amour inébranlable pour la vérité.

Car autrement les talens mêmes de l'homme et toutes ses facultés, ne servent qu'à l'entraîner

---

vons, au reste, qu'il y a bien de la vertu à refuser la Couronne. qu'il n'y en a pas moins en certaines circonstances à en accepter le fardeau ; mais sçavoir si ce brillant fardeau est un bonheur, c'est une chose au moins problématique.

dans de plus épaisses ténèbres, comme ceux qui veulent faire des mondes avec des atômes qui conçoivent la possibilité de l'existence sans Dieu et la possibilité d'inventer Dieu, si Dieu n'existoit pas; comme ceux encore qui, du haut de nos chaires envahies, prétendoient nous persuader qu'eux et nous mêmes, n'avons rien à demander à Dieu; que Dieu nous a tout donné, tandis que nous sentons notre insuffisance pour le bien, autant que notre existence même; et que Dieu, qu'ils croyent remercier, ne peut être remercié que par de nouvelles demandes. Oter à l'homme la prière, n'est-ce pas le priver de l'onction de la vie, dessécher en son ame la sève de la Religion; l'isoler de la Divinité, n'est-ce pas rompre toutes les relations de l'homme avec Dieu; enfin, ôter à l'homme la prière, ce conducteur infable du magnétisme spirituel (1), n'est-ce pas dépouiller l'homme de toute sa puissance, de cette puissance presqu'illimitée qui ob-

---

(1) Et attraxi spiritum,

tient tout, surmonte tout, fait violence à Dieu même : *Petite et accipietis.* Comme ces autres enfin dont la démence surpasse tout ce que nous venons de voir; ce *Jean-Jacques*, sur tout, qui ne nous reconnoit point d'autre existence que celle de l'animal, qui nous dit que la raison est incompatible avec la nature et la santé.

Que l'homme qui médite est un animal dépravé.

Que l'imbécilité est le seul bonheur de l'homme.

Que l'homme est de la race des singes, qu'il n'en est même qu'une race dégénérée et bâtarde, en conséquence de la raison qui l'en distingue.

Qui pour prouver que les hommes sont hors de l'état de nature, commence par revoquer en doute que l'état de nature ait jamais existé.

Qui pour prouver que les hommes sont naturellement égaux, commence par attester que les hommes sont naturelleme inégaux, et qu'il y a plus de différence de tel homme à tel homme, que de tel homme à telle bête.

Qui nous dit, que les hommes n'ont peut-être pas d'instinct ou plutôt que les hommes sont livrés au seul instinct peut-être.

Que l'homme considéré du côté métaphysique ne diffère de la bête que du plus au moins.

Que ce n'est pas l'entendement qui fait la distinction spécifique de l'homme et de l'animal, et que c'est l'entendement qui fait la distinction spécifique de l'homme de l'animal.

Que les lois sont nécessaires pour réprimer les désordres des passions, et que pourtant les désordres des passions sont nés peut-être avec les lois.

Que les mœurs, tant qu'elles sont comptées pour quelque chose, ne servent qu'à faire des adultères.

Que les lois de la continence et de l'honneur étendent nécessairement la débauche.

Qui proscrit l'ordre social, parce que l'obéissance en est le lien.

Qui soutient qu'il n'y a point d'oppression dans l'état de nature, parce que l'obéissance n'y est pas connue.

Que celui-là qui s'empare du fruit qu'un autre a cueilli, du gibier qu'il a tué, de l'antre qui lui servoit d'asyle ou qui l'enchaîne n'est pas un oppresseur dans l'état de nature, parce qu'il ne vient pas à bout de s'en faire obéir, et qui conclut au renversement de toutes les sociétés, et conseille aux hommes d'aller vivre dans les forêts avec la brute, afin d'oublier jusqu'à la connoissance du mot obéir.

Ces hommes donc si éblouis de leurs propres lumières, sont, comme on le voit, dans le plus déplorable et le plus funeste aveuglement. Tant il est incontestable que la vérité s'éloigne de l'esprit superbe, que la loi de l'esprit, comme être simple, étant de s'élever vers Dieu, dont la simplicité est l'essence, et la loi du corps, comme composé de terre, étant de pencher vers le centre de la terre, la vie de l'homme est un combat non-interrompu de l'être contre le néant, une étude continuelle de la vérité, étude dont toutes les études en physique et en morale, ne sont que des branches; étude propre à l'homme seul, parce que le rayon intellectuel de la Divinité est en lui seul; étude qui est celle de la religion donnée à l'homme, par laquelle seule on peut, en effet, inventer Dieu, non pas fictivement, comme Voltaire, mais réellement parce que Dieu existe véritablement; que son existence fait celle de tout ce qui existe, et que l'homme n'est sur la terre que pour l'inventer, le trouver, se relier à lui (1). en un mot, dans laquelle l'homme tant qu'il est sur la terre, se trouve toujours au commencement. *Cum consommaverit homo tunc incipiet.*

Ceci nous ramenant naturellement à notre étude politique infuse comme les autres, dans celle de la religion; demandons qu'est-elle cette politique? sinon, justice, équité, qui, elles-mêmes, ne sont autre chose que

(1) Relier, *religare;* religio, à *religare.*

l'égalité, ainsi qu'on le trouve démontré en son lieu dans ce cahier.

Que si la politique, et sur-tout sa sœur, la jurisprudence, sont celles de toutes les Sciences, ou plutôt de toutes les branches de la science universelle dans lesquelles les hommes aient fait le moins de progrès s'ils semblent même à cet égard, et de nos jours surtout, n'aller qu'en retrogradant, c'est que l'on prend pour politique ce qui en est l'opposé et qu'on l'appuie sur l'injustice et la fausseté; autrement l'inégalité, tandis que sa vraie base est l'équité, la justice, autrement l'égalité qui constitue tous les devoirs de l'homme envers ses semblables, envers lui-même, envers Dieu.

Lorsque l'Etudiant prit la plume en faveur des lois, lorsque du sein de l'oppression à laquelle il fut toujours en but, parce qu'il n'obéit qu'à la loi même, il essaya de ramener les hommes à leur exécution, il étoit bien loin de se douter qu'il dût être conduit par son sujet à des dissertations théologiques et métaphysiques, lui surtout qui n'est ni

Théologien ni Métaphysicien; il croit donc devoir prier le lecteur et spécialement les personnes auxquelles il a déja adressé ou remis pour sa propre instruction des exemplaires de ce Cahier, de lui faire passer leurs avis sur ce qu'il leur paroîtroit renfermer de contraire à l'Ecriture ou aux dogmes de la Religion; l'Etudiant déclarant ici se retracter d'avance de tout ce qui lui seroit échappé de contraire à la foi catholique; de plus, être prêt à donner dans les Appendices qui doivent suivre de près la publication de ce Cahier, des rétractations plus précises, s'il y a lieu.

Ce fut avec ardeur que l'Etudiant desira ce retour des hommes à l'observance des lois. Il ne lui étoit pas réservé de l'opérer, l'événement ne l'a que trop justifié; mais il l'avoit desiré de ce desir, qui ne reste jamais vain, et qui trouve toujours sa récompense. Si donc la vérité s'est approchée de lui, c'est en faveur, sans doute, de cette sollicitude pour la justice. *Justicia et veritas obviaverunt sibi.*

Il avoit bien apperçu que les Nations ne peuvent subsister sans lois; que sans lois, les hommes épars sur la terre comme des animaux seroient plus à plaindre que les animaux mêmes : car, l'instinct qui sert de loix aux animaux, ne sert pas de loi aux hommes.

Il avoit bien conçu que les hommes malheureux sans lois, sont malheureux et coupables en n'exécutant pas leurs lois; tout ce qu'il voyoit, tout ce qu'il éprouvoit, cette insigne persécution, qui n'a cessé de péser sur lui, ne lui avoit que trop démontré cela, et ne le lui démontre que trop tous les jours.

Il avoit bien apperçu, dit et écrit, spécialement en 1787, dans son programe relatif au concours patriotique qu'il venoit de proposer à l'Académie de Châlons, que sans le retour à l'exécution des lois, nous allions retomber dans une barbarie pire que celle dont les lois nous avoient retiré; que mal à propos l'on se rassûroit sur la civilisation et sur les lumières dont le siècle se glorifioit tant; que pour lui, il n'y voyoit qu'une expansion de fausses lumières, qui lui faisoit appréhender une plus affreuses catastrophe : il avoit bien dit e. redit ces choses et autres qui, bientôt après, ne se sont que trop réalisées.

Mais il n'avoit pas reconnu encore que la législation n'est elle même qu'un chapitre de la Religion; qu il est impossible aux hommes de trouver une sauve-garde dans des lois, sans qu'elles soient fondées sur la Religion, qu'il est strictement et littéralement vrai que nul ne peut étudier et approfondir la science des lois et de la politique, sans remonter à la Religion, et ce n'est que de degré en degré, que du sein de l'oppression et du gouffre de ses affaires privées, il s'est élevé jusqu'à des questions Théologiques et Métaphysiques : il ne pouvoit traiter convenablement son sujet, ni montrer Rousseau à visage découvert, sans suivre ce trop fameux sophiste dans ses excursions métaphysiques, sans, par conséquent remonter à l'Etre qui est le principe et la fin de tous les Etres.

Mais ce qui bien plus que toutes ses réflexions, lui a rendu sensible cette importante vérité, c'est l'événement et l'issue de la révolution, puisqu'il n'est plus possible à l'Etudiant, non plus qu'à aucun homme de douter de ce qui est si bien démontrée par le fait; puisqu'en un mot le trait de lumière jailli du choc de tous les tonnerres de la révolution: c'est cette grande vérité.

Nul Gouvernement sans Religion n'est possible parmi les Hommes.

Vérité d'une si haute importance pour l'humanité, puisqu'elle ramène la politique à sa vraie base, et que l'Enfer aura beau se déchainer de plus en plus contre la Religion, les Gouvernemens ne tomberont plus dans l'erreur de croire qu'ils puissent s'en passer et encore moins la détruire.

Car l'on sçait que ce projet d'anéantir toute Religion que nous avons vu si impétueusement éclater, s'appuyoit sur deux bases principales, sur la croyance si fort accréditée par Voltaire, que la Religion est de pure invention, et sur cette doctrine de Jean-Jacques, que l'homme doit se rapprocher de la bête autant que possible: tous les pouvoirs humains se sont trouvés réunis dans les mains des hommes conjurés contre la Religion : d'où il résulte que ce n'est que par une puissance plus qu'humaine, que la Religion est échappée du naufrage ; elle survécut aux années 93 et 94 ; par ce qu'elle n'est pas une invention, elle survécut à cette époque où tous les pouvoirs humains faisoient force contre-elle ; donc il est impossible qu'elle soit renversée par tous les pouvoirs humains réunis.

Car c'est ainsi que Dieu fait servir à ses vues jusqu'aux complots et aux méchancetés des hommes. *Omnia serviunt tibi.*

L'Etudiant au reste, a pu s'égarer plus d'une fois dans des terres inconnues, et faire plus d'un faux pas dans une course bien rapide pour ses foibles moyens; pour peu, surtout, que dans ses recherches, il se soit écarté de cet esprit de simplicité, tant recommandé aux serviteurs de la vérité, et qu'une imprudente curiosité l'ait entraîné : *scrutator majestatis opprimetur a gloria*, et c'est aussi sur les avis de plusieurs Théologiens à cet égard, qu'il a jusqu'à présent, suspendu la publication de cet écrit, bien que plusieurs autres Théologiens trop indulgens, sans doute, lui aient assuré qu'ils n'y avoient rien trouvé d'hétérodoxe, et que plusieurs Lecteurs aient été jusqu'à reprocher à l'Etudiant le parti qu'il sembloit avoir pris, de ne pas livrer cet essai au public, et de se borner aux distributions particulières qu'il en fait depuis plusieurs années aux personnes dont il espéra recueillir des avis impartiaux. La publication de cet écrit seroit, selon ces mêmes Lecteurs, le meilleur moyen de découvrir les erreurs qui s'y peuvent rencontrer, ce dernier motif est décisif et ne laisse plus aucun inconvénient à une publication, dont le but n'est pas moins de découvrir les erreurs de l'Etudiant, que celles du Sophiste qu'il avoit à démasquer. L'Etudiant donc en appèle aux Théologiens et aux hommes doctes, sur ce qui concerne la métaphysique et aux plus ignorans, comme aux plus sçavans, touchant les sophismes de Jean-Jacques Rousseau; sophismes, si frappans que le dix-neuvième siècle, échappant à la barbarie, ne comprendra pas le *Jean-Jacobinisme* du dix-huitième.

ETUDES POLITIQUES ET CONCOURS PATRIOTIQUES.

EXPOSITION DU SUJET.

SAVOIR en quoi consiste le droit politique ou public, sur quels rapports il est fondé; tel est l'objet de ces études.

1°. Quand j'envisage la composition élémentaire de chaque nation, je n'y vois que deux classes d'hommes, les pères et les enfans; tellement que si l'on réduisoit une nation à ses parties élémentaires, elles formeroient une infinité de petites sociétés, ou familles, dont le père seroit le chef, et les enfans le peuple.

La patrie (1) et la famille sont donc originairement la même chose; et les nouvelles familles qui en proviennent, de quelque manière qu'on les envisage, à quelque distance qu'on les apperçoive dans la spéculation politique, sont à la fois les élémens et les membres d'une plus grande famille ou patrie.

Les hommes étant unis par des liens naturels dans la société de la famille, ayant encore

(1) Patria a *Patre.*

des rapports entre eux dans la grande société du monde, il fallut régler par des conventions ces rapports proches ou éloignés : delà est né un troisième ordre de société que nous appellons la société civile. Ce troisième ordre de société, qui découle naturellement des deux premiers, en fait le lien.

Je distingue en conséquence, d'abord, la famille ou patrie particulière, celle dont le père est le chef; dont les enfans sont le peuple; et qui est la famille ou patrie naturelle.

Secondement, la famille ou patrie politique, celle qui, ainsi que nous venons de le voir, sert à modifier, par des conventions ou statuts, la société des hommes.

Troisièmement, la famille ou patrie universelle comprenant la généralité des nations particulières et de toute l'espèce humaine.

La science de la politique ou du droit public doit donc se rapporter plus ou moins à ces trois sortes de sociétés, familles, ou patries : elles existent l'une dans l'autre ; elles sont composées des mêmes principes élémentaires, pères et enfans, ou patriciens ou plébéïens.

La première cause de ces études, provenant d'un concours patriotique que je proposai vers le mois de Mai 1787, à l'Académie de Châlons, et dont je renouvelle actuellement la proposition ; il faut, avant d'aller plus loin, rendre compte de cet objet.

Proférer le mot *patrie*, étoit, parmi nous, un ridicule; une Académie distinguée, celle de Châlons, eut le courage de proposer un concours patriotique conçu en ces termes :

Quels sont les moyens les plus propres à ex-

citer et ranimer le patriotisme dans une monarchie, sans attaquer, ni diminuer l'autorité propre à ce genre de gouvernement.

J'en eus connoissance par les papiers publics, vers le mois de Mai 1787, deux mois seulement avant la distribution du prix; je ne pouvois ni concourir, (mon peu de connoissance, la briéveté du tems, les circonstances de mes affaires privées ne me le permettoient pas) ni rester indifférent et neutre; cette proposition se lioit avec une foule de mes réflexions sur la patrie, les loix qui nous y attachent, et la garantie qu'elle nous doit en les observant.

A cela se joignoit une autre considération; je pensois non-seulement que le patriotisme n'a pas besoin d'être excité, qu'il est né dans l'ame du citoyen; mais même qu'il pourroit être dangereux de chercher à l'exciter, et qu'il ne faut qu'éviter ce qui pourroit l'affoiblir ou l'éteindre.

Toutes ces circonstances réunies ne pouvoient manquer de me conduire à la détermination que je pris; ce fut de proposer un autre concours; ce que je fis en ces termes:

2. *Quels sont les moyens les plus propres à prévenir l'extinction du patriotisme né dans l'ame du Citoyen?*

Cette proposition diffère manifestement de celle présentée par l'Académie; car autre chose est d'exciter le patriotisme, autre chose d'éviter ce qui pourroit l'éteindre. Je présentai quelques-unes de mes idées à cet égard, dans un programe explicatif que je joignois à mon annonce, et qui sera rapporté en ce cahier.

Malgré l'accueil que l'Académie a fait à ma proposition, cette compagnie desira qu'avant la publication du concours, je jugeasse par moi-même si l'ouvrage qu'elle venoit de couronner, et dont elle voulut bien m'adresser un exemplaire, ne remplissoit pas mes vues. (1)

Cette décision me mettoit en quelque sorte dans la nécessité de chercher à approfondir moi-même un sujet que je m'étois borné d'abord à proposer au concours. Les événemens qui ne tardèrent pas à éclater, se rapportoient à ce sujet, en faisoient nécessaire-

(1) La décision de l'Académie, dont M. Sabatier, Secrétaire de cette Compagnie me fit part, est conçue en ces termes : » MM. les Commissaires ont dit que l'Académie ne pouvoit qu'applaudir aux vues patriotiques » dont est animé M. le Marquis de Brie-Serrant ; mais » que ce nouveau sujet de prix ne leur paroissoit pas » assez distingué de celui que l'Académie avoit couronné » le 25 Août dernier (1787) ; qu'ils croyoient même que » le discours qui avoit réuni les suffrages fournissoit la « réponse à ce nouveau sujet, qu'ils étoient d'avis « qu'on en envoyât un exemplaire à M. le Marquis de » Brie-Serrant, afin qu'il put juger par lui-même si ce » discours ne remplissoit pas ses vues, le priant en » même-tems de présenter ses idées d'une manière » qui ne semble pas rentrer aussi sensiblement dans » celle du premier concours.

A cette décision, M. Sabatier voulut bien joindre son avis particulier en ces termes : » Vos vues sont ; on ne » peut pas plus admirables, et j'en ai été moi-même » frappé ; mais peut-être seroit-il plus convenable que » vous eussiez la bonté de fournir un autre sujet, entièrement différent du premier. L'esprit patriotique » qui vous anime, vous en fournira facilement un nouveau, tout aussi beau ».

ment partie, et ne le rendoient que plus important : lors de mon premier écrit envoyé à l'Académie, en 1787, je n'avois pu que les prévoir, et les annoncer ; ils étoient devenus des réalités. La position du moment, les invitations du Gouvernement adressées à tous les citoyens, tout cela se joignoit encore à la décision de l'Académie. D'un autre côté, les matières étant devenues si abondantes, et bientôt les tableaux si changeans, je ne pouvois suivre aucun plan fixe ; mais quelques mobiles que soient les tableaux dans les révolutions, sur-tout de la nature de celle où nous nous trouvons, les principes sur lesquels se fondent les sociétés et le patriotisme, étant invariables, et la question patriotique que j'ai proposée, il y a près de trois ans, se trouvant toujours entière, je n'ai point dû renoncer à mon objet ; je dois, en même tems, satisfaire l'Académie de Châlons, sur les éclaircissemens auxquels elle a définitivement attaché l'adoption du concours que j'ai proposé. En renouvellant donc ma proposition, je déclare que non-seulement l'ouvrage, que cette compagnie a jugé à propos de me communiquer ; ne remplit, en aucune façon, mon objet ; que non-seulement tant d'autres livres et écrits prétendus patriotiques, dont le public a été et est encore journellement accablé, le remplissent encore bien moins ; mais même que les sources où l'on a puisé les principes qui font la baze de tous ces ouvrages, sont elles-mêmes diamétralement opposées au véritable patriotisme ; et, par conséquent, à la question que je propose.

3. Je ne puis mieux prouver ce que j'avance, ni, ce semble, mieux ouvrir la carrière touchant les études politiques auxquelles les circonstances ci-dessus m'ont déterminé, que par l'examen et le rapprochement des principes de Jean-Jacques Rousseau, celui des Publicistes et des Moralistes modernes qu'on vante comme ayant le mieux défendu la cause de la patrie et les droits de l'humanité.

Toutes les questions qui se traitent sur la politique, m'ayant donné occasion de lire quelques-uns des ouvrages de Jean-Jacques, sur cette matière, quel a été mon étonnement, d'après l'idée sur-tout que je m'étois formée de cet Auteur célèbre (des productions duquel je n'avois encore que de légères notions) de ne trouver, à l'examen, que des contradictions manifestes, des sophismes, des absurdités; de voir qu'il est impossible d'y démêler aucun système fixe; de le voir célébrer également l'indépendance la plus absolue et le plus affreux despotisme, l'égalité et l'inégalité, la liberté et l'esclavage, les vices et les vertus, la cruauté et l'humanité; de le voir rejetter toute religion, et néanmoins recommander la religion comme la baze de toute institution légitime, et finir même par en faire une; rejetter toute révélation, et se dire lui-même inspiré; rejetter tous les livres philosophiques, et s'étayer sans cesse des livres philosophiques; soutenir que l'homme qui médite, est un animal dépravé, et se croire fort élevé au-dessus des autres hommes par l'effet de ses méditations; proscrire la raison comme contraire à la nature; attribuer tour à tour à la raison, à la sagesse, à la justice, aux mœurs, la dépravation des hommes; et déclarer qu'il n'écrit que pour rappeller les hommes à la sagesse, à la justice, aux mœurs, à la raison; soutenir que les loix ont fait naître l'esclavage, et que pourtant les hommes ne peuvent être libres que sous l'empire des loix; d'y voir enfin mille autres contradictions aussi choquantes.

Je dis ici l'incroyable; mais j'offre la preuve, et je vais y procéder.

Citoyens, s'il est vrai que, pour avoir brisé d'anciens fers, vous soyez devenus libres, vos yeux s'ouvriront facilement à la vérité. Vous allez être étonnés, en revoyant l'idole que vous aves tant encensé. Esclaves, vous admiriez ce novateur: hommes libres, ou qui croyez l'être, sçachez enfin l'apprécier. Pouvant aujourd'hui juger cet Apôtre prétendu de la liberté, sous l'enseigne de la liberté même; vous devez être à portée de juger quelle fut sa mission, si, en vous sollicitant à renoncer au don le plus précieux que la nature ait fait à l'homme, à éteindre le flambeau de la raison, à regarder comme factices les sentimens les plus purs de la nature; il vous a enseigné, en dédommagement, à être heureux, bons, égaux et libres, ainsi qu'il s'y étoit engagé; en un mot, s'il vous a ôté vos vices, en cherchant à écarter de vous toutes les vertus. C'est au public même que j'appelle du jugement du public, sur les ouvrages de cet Ecrivain.

Soutenir cet appel, c'est, dira-t-on, une grande entreprise pour celui qui se reconnoît sans talens et sans connoissances; mais il suffit de la portion de raisonnement dont le commun des hommes est doué, pour être en état d'entendre les ouvrages de pur raisonnement. Ma tâche peut se réduire ici à faire le rapprochement et la conférence des principes ou des opinions contradictoires de Jean-Jacques, dès que ces contradictions composent le fonds de son ouvrage. Faire ce rapprochement avec habileté, seroit la tâche d'un Savant; le faire avec vérité, peut être celle de tout le monde.

Ce cahier sera divisé en deux sections; la première se rapportera principalement au discours de Jean-Jacques sur l'origine de l'inégalité; la seconde sera relative au concours patriotique annoncé ci-dessus.

PREMIERE SECTION.

4. Nous allons rapporter avant tout, quelques-unes des idées générales de Jean-Jacques sur l'état de nature et sur l'homme naturel, ainsi qu'il les expose tant dans son discours sur l'inégalité, qu'ailleurs.

5. Jean-Jacques commence par déclarer que l'état de nature n'a peut-être jamais existé, et il ajoute qu'il est pourtant nécessaire d'en avoir des notions justes pour connoître les fondemens de la société humaine et du droit naturel ( ). Certes, s'il est douteux que l'état de nature ait existé, il ne peut être né-

---

(1) Discours sur l'Inégalité, Préface, pag. LVIII.

cessaire d'avoir des notions justes de cet état de nature pour connoître les fondemens de la société humaine qui existe. La connoissance d'une chose certaine ne peut dépendre de la connoissance d'une chose incertaine.

Le rapprochement de ces deux idées de Jean-Jacques suffit pour faire connoître qu'il n'attachoit aucun sens fixe à cette idée, l'*état de nature.*

6. Les anciens, reconnus pour nos maîtres à tant d'égards, ne voyoient dans la nature que des modifications, aucune de ces modifications ne leur offroit privativement l'état de nature ; ils ne conçurent point, en un mot, un état de nature, et un état hors de nature. Ils distinguoient bien, dans la révolution des siècles, l'âge d'or, d'argent, d'airain et de fer ; mais cette allusion même témoigne qu'ils ne séparoient aucun de ces âges, de l'état de nature ; non plus qu'ils n'en séparoient les métaux, sous l'emblême desquels ils les désignoient. (1)

L'on pense bien, au reste, que les idées de Jean Jacques sur l'homme naturel, ne sçauroient être plus claires que sur l'état de nature. Entendons le à ce sujet.

Quelles expériences, dit-il, (2) *seroient*

---

(1) L'on pourroit considérer ces différens âges dans un ordre différent, mais on ne trouveroit toujours que l'état de nature. Par exemple, envisageant les choses dans le sens de nos Philosophes, il est difficile de reconnoître l'âge d'or dans ce qu'ils appellent l'état primitif, ou l'état de nature brute. J'appellerai âge d'ai-

(2) Préf. pag. LVIII.

nécessaires, pour parvenir à connoître l'homme naturel? et quels sont les moyens de faire ces expériences, au sein de la société? Loin d'entreprendre, poursuit-il, *de résoudre ce probléme, je crois avoir assez médité ce sujet pour oser répondre d'avance que les plus grands Philosophes ne seroient pas trop bons pour diriger ces expériences, ni les plus grands Souverains pour les faire; concours auquel il n'est pas raisonnable de s'attendre, etc.*

Quelles étranges expériences Jean-Jacques avoit-il donc conçues? Faut-il regretter qu'il nous les ait laissé ignorer? Quoiqu'il en soit, Jean Jacques ne pouvant connoître ni l'état de nature, ni l'homme naturel, renoncera de même, sans doute, à connoître la loi de nature: voyons.

---

rain, cet état de nature brute, cet état antérieur à la formation des Loix. J'appellerai âge d'argent, l'état de nature civilisé par les Loix, lequel sera nécessairement suivi, soit de l'état de nature corrompu par la décadence ou le mépris des Loix, que j'appellerai âge de fer, soit de l'état de nature élevé au dégré le plus sublime, par l'exécution inaltérable des Loix, le seul qui puisse retenir le nom d'âge d'or. Cet âge n'a point encore paru sur la terre. L'âge d'argent ou l'état de nature civilisé, qui a passé tour-à-tour en Asie, en Afrique, en Europe, n'a jamais été suivi que de l'âge de fer. Seroit-ce à l'Amérique, à quelques Peuples encore inconnus de cet autre hémisphère qu'il seroit réservé de voir naître l'âge d'or, en sçachant mettre un jour à profit les erreurs et les vices des trois autres parties du monde et de leurs voisins les insurgens, et s'instruire par les malheurs qui par-tout en ont été la suite. Quoiqu'il en soit, ces différens âges ne présenteront jamais autre chose que l'état de nature différemment modifié.

Tant que nous ne connoîtrons pas, dit-il, (1) *l'homme naturel, c'est en vain que nous voudrions déterminer la Loi qu'il a reçue, ou celle qui convient le mieux à sa constitution.*

Jean Jacques déclarant qu'on ne peut reconnoître ni l'état de nature, ni l'homme naturel, ni la loi que l'homme a reçue, ni enfin celle qui convienr le mieux à sa constitution ; que va-t-il nous faire connoître ? Il va (on ne s'en douteroit pas) entreprendre de nous faire connoître précisément toutes les choses dont il vient de nous déclarer la connoissance impossible : il va même nous faire connoître des choses, s'il se peut, plus difficiles encore.

Comme il a souvent contre lui le témoignage des sçavans, et des philosophes de tous les âges, il prend la précaution de les recuser tous, et de mettre à l'écart tous leurs livres.

7. *Laissant donc, dit-il,* (2) *tous les livres scientifiques, qui ne nous apprennent qu'à voir les hommes tels qu'ils se sont faits, et méditant sur les premières et les plus simples opérations de l'ame humaine, j'y crois appercevoir deux principes antérieurs à la raison.*

Comment ? Les méditations de Jean Jacques qui ne peuvent lui faire connoître l'homme naturel, ni l'état de nature, lui ont fait connoître la nature de l'ame humaine ; il veut en déterminer jusqu'aux opérations premières ; connoître, si, l'on peut s'exprimer ainsi, l'homme métaphysique, après avoir déclaré impossible la connoissance de l'homme

(1) Préf. pag. LXIV. (2) Préf. pag. LXIV.

physique. Qui ne voit que, pour déterminer jusqu'aux opérations premières de nôtre ame, il faudroit en connoître l'essence; connoissance qui est si peu donnée à l'homme, que l'on peut dire qu'il n'a pas de notions plus exactes sur l'essence de son ame, que sur l'essence de la divinité même; qu'il ne connoît pas plus les opérations premières et immédiates de son ame, qu'il ne connoît les opérations premières et immédiates de la Divinité.

8. Il est à croire que notre ame est la même unie au corps, que si elle en étoit séparée. Cependant, nous voyons, nous sentons, nous agissons bien différemment sous l'enveloppe de notre corps, que si notre ame étoit dégagée de cette enveloppe. Quelle en est la raison? si ce n'est que les opérations de notre ame ne se font sentir et ne nous parviennent que par nos sens, dont elle prennent l'empreinte. Nous ne pouvons donc connoître les opérations premières, les opérations simples et immédiates de notre ame; nos perceptions n'étant jamais que le résultat des opérations confondues de l'ame et des sens (1).

(1) Si, en proposant, il y a trois ans, un concours patriotique, j'étois bien loin de m'attendre que ce fait, par l'enchaînement des circonstances que j'ai exposées, m'entraîneroit à des études politiques, et à la discussion des Ouvrages de Jean-Jacques Rousseau sur cette matière, je ne m'attendois sûrement pas davantage que ces études et discussions me servissent aussi d'un commencement d'études métaphisiques; il faut pourtant bien, pour pouvoir suivre Jean-Jacques dans sa

Admirons, au reste, les importantes découvertes de Jean Jacques, méditant sur les premières opérations de l'ame humaine. *Il croit y appercevoir deux principes antérieurs à la raison.* Il voit à certaine époque, nôtre ame sans raison, c'est ce que je ne sçaurois du tout concevoir. Je sçais, qu'à considérer l'homme physiquement, on trouve bien des époques dans la vie, ou la raison ne paroît point agir en lui; soit parce que ses sens ne sont pas développés, comme dans l'enfance; soit parce qu'ils sont partroublés, comme dans l'âge des passions; soit parce qu'ils sont affaissés, comme à certaine période de la vieillesse, et sans métaphysiquer sur cela, on dit en langage vulgaire, de l'homme dans ces positions, qu'il est sans raison, et l'on s'entend suffisamment: mais ce n'est pas là ce que Jean Jacques considère; il a scruté l'ame humaine, il a eu le don d'en découvrir les opérations premières et immédiates: c'est, en un mot, une question purement métaphysique qu'il envisage; et c'est en principe qu'il établit qu'à certaine époque, notre ame est sans raison. Quelle est cette époque? comment la reconnoître? de quelle nature seroit notre ame sans la raison?

---

politique, que je le suive aussi dans la méthaphysique qu'il y entremêle, non sans dessein. Si je ne voulois que l'admirer et le censurer, je pourrois me contenter de le lire et relire, sans me soucier autrement de l'entendre, ainsi qu'ont fait tant d'autres de ses lecteurs, suivant les plaintes que lui-même en a souvent portées, et comme tant d'autres font journellement; mais je veux l'apprécier et m'instruire.

dire qu'il y a une époque où l'ame de l'homme ne participe pas à la raison, n'est-ce pas dire qu'il y a une époque où l'homme n'est pas homme ? N'est-ce pas établir à la fois deux difficultés impossibles à résoudre; l'ame humaine, sans raison ; et la raison s'introduisant dans l'ame humaine? Jean Jacques, loin de trouver en cela aucune difficulté, a eu l'art de discerner les opérations de notre ame sans raison. et les opérations de notre ame devenue raisonnable. Voyons d'abord les opérations de notre ame sans raison, et quels sont les deux principes que Jean Jacques en fait découler.

9: *L'un*, dit-il, (1) *nous intéresse ardemment à notre bien-être, et à la conservation de nous-mêmes; et l'autre nous inspire une répugnance naturelle à voir périr ou souffrir tout être sensible, et principalement nos semblables. C'est du concours et de la combinaison que notre esprit est en état de faire de ces deux principes, sans qu'il soit nécessaire d'y faire entrer celui de la sociabilité, que me paroissent découler toutes les règles du droit naturel.*

Il faudroit d'abord sçavoir ce que Jean Jacques entendoit par l'ardent desir de notre bien être; quant à moi, je n'ai pas encore pu concevoir ce que c'est, en principe, que l'ardent désir du bien être. Je ne vois dans l'homme aucun desir abstrait et absolu, mais seulement des desirs particuliers et relatifs; ces desirs sont les appétits, les pas-

(1) Préface, *page* LXV.

sions; si l'appétit ou la passion ne se fait sentir, le desir n'existe pas. Il n'existe plus, si la passion est satisfaite.

10. D'ailleurs, l'homme étant reconnu par Jean Jacques même, comme un être composé de deux substances; l'une spirituelle, l'autre corporelle, dont la tendance et la destination sont opposées; et les appetits et passions de l'homme, étant, par suite de cette constitution, dans une perpétuelle opposition entre eux, et sans aucune espece de proportion avec ses facultés animales, non plus qu'avec ses besoins: comment concevoir *le bien être* d'un être de cette espece, et comment concevoir le desir du bien être, si l'on ne peut concevoir le bien être même?

Enfin, je suppose toutes ces dificultés levées; je suppose l'existance d'un désir abstrait, indépendant des appetits, ou passions, et appellé le desir du bien être; ce désir, puisqu'il seroit indépendant de nos appetits et passions, et qu'il seroit le désir du bien être, tendroit donc à régler et concilier nos autres desirs, nos appétits et passions, dans la vue de notre bien être; ce désir du bien être se confondroit donc avec la raison: car c'est la raison qui tend à réglernos desirs, appétits et passions; mais c'est précisément la raison que Jean Jacques exclue, c'est uniquement de l'ame prétendue sans raison, qu'il parle ici (1).

---

(1) Convenons-en: ce grand mot, le desir du bien-être, n'est autre chose mis en principe, que le cri de l'égoïsme, qui, lui-même ne provient que de l'illusion

Pour ce qui est de la pitié, il est reconnu d'aprés des observations prises dans tous les âges, les sexes et les différens états, que l'homme, qui n'est pas soumis à l'empire de la raison, est plus susceptible de cruauté que de pitié. Je ne parlerai pas des haines ou vengeances qui peuvent exciter, en l'homme, la cruauté; je demande qu'on le considére, dans ses amusemens, dans les jeux mêmes de son enfance, dans ses amitiés, dans ses amours; en un mot, la pitié, ce prétendu principe existant, selon Rousseau, dans l'ame sans raison, dérive elle-même de différentes causes qui ne se développent qu'avec la raison même. Dire que les régles du droit naturel découlent de la pitié et de l'ardent desir du bien être, et qu'elles en découlent par les combinaisons de l'esprit, sans le secours de la sociabilité, non plus que de la raison; c'est ce qui a d'autant moins besoin de réfutation, qu'il est de toute évidence, que le droit naturel n'existe pas sans la sociabilité; ni l'esprit sans la raison.

Voyons actuellement l'ame non-raisonnable convertie en ame raisonnable; et les opérations de notre ame, en ce nouvel état.

---

des sens. et n'est point dans l'ame. Je ne crois pas plus aux véritables égoïstes, qu'aux vrais Athées; (*) je ne vois, sous ces dénominations, que l'emblême du vice déchaîné.

(*) *J'appelle athée, celui qui parviendroit à concevoir qu'il ne peut y avoir de Dieu, et que la vertu n'est qu'un mot.*

Aprés

Après avoir fait découler de l'ame sans raison, toutes les règles du droit naturel, Jean-Jacques continue en ces termes :

13. » Règles que la raison, dit-il (1), est ensuite » forcée de rétablir sur d'autres fondemens, quand, » par ses développemens successifs, elle est venue » à bout d'étouffer la nature «.

Ainsi la raison est incompatible avec la nature, puisqu'elle l'étouffe, et qu'elle parvient à détruire jusqu'aux règles du droit naturel.

Jean-Jacques méditant sur les simples opérations de l'ame sans raison, y découvre deux principes dont il fait découler les règles du droit naturel.

Jean-Jacques méditant ensuite sur les opérations composées de l'amé et de la raison, n'y voit plus que la nature étouffée, et les règles du droit naturel anéanties : quel systême que celui qui peut être fondé sur de pareilles bases !

Quant à la faculté de réfléchir, qui dans l'homme sert au développement de la raison, on pense bien que Jean-Jacques ne l'a pas plus épargnée que la raison même. Voici ce qu'il dit :

14. » Si la nature nous a destinés (2) à être » sains, l'état de réflexion est un état contre » nature. L'homme qui médite est un animal » dépravé «.

Rétorquant à Jean-Jacques son raisonnement, disons : Si la nature nous a destinés à réfléchir, l'état de santé est un état contre nature; l'homme en santé est un mortel dépravé : ainsi

(1) Préf. page LXV.
(2) Discours, page 22.

nous voilà bien avertis que, ou l'état de santé, ou l'état de réflexion, est un état contre nature ; que l'homme est par sa nature dans un état contre nature. L'on avoit pensé jusqu'ici que la réflexion est aussi nécessaire à l'homme que la végétation l'est à tous les corps (1) ; que sans la réflexion inhérente à son entendement, l'homme seroit un être sans moralité, sans liberté. Jean-Jacques veut que l'homme soit sans raison, mais non pas sans liberté. Etre libre sans raison et sans réflexion, c'est encore ce qui est difficile à concilier.

Quoi qu'il en soit, la raison étant incompatible avec la nature de l'homme, ou la réflexion avec sa santé, voyons quel parti Jean-Jacques tirera d'un être si singuliérement organisé.

15. Jean-Jacques, outrageant de plus en plus la nature, demande » si (2) l'on n'est pas obligé » de louer comme un être bienfaisant celui qui » le premier suggéra à l'habitant des rives de » l'Orénoque l'usage de ces ais qu'il applique

(1) Il seroit singulier d'entendre dire que l'or est de la terre dépravé, qu'un chêne est un gland dépravé, que le volatil est un œuf dépravé, que l'homme lui-même est un fœtus dépravé ; en un mot, que l'état de végétation des corps est un état contre nature : certes, il ne seroit pas possible d'imaginer une plus grande impertinence en physique. Jean-Jacques a trouvé précisément celle qui y correspond en morale, en disant que l'homme qui médite est un animal dépravé, & que l'état de réflexion est un état contre nature.

(2) Page 34.

» sur les tempes de ses enfans, et qui leur as-
» surent au moins une partie de leur imbécillité
» et de leur bonheur originel « ?

Demandons à notre tour, si l'on n'est pas obligé de louer, comme un être bienfaisant, celui qui le premier suggéra aux habitans des rives du Bosphore, l'usage de ces mutilations, au moyen desquelles ils épargnoient au moins à leurs Eunuques les maux et les fureurs de l'amour? Enfin il paroît tout décidé que c'est par la stupidité, par l'abrutissement que Jean-Jacques veut nous amener au bonheur, à la liberté, à l'égalité.

16. Quoi qu'il en soit, puisque les habitans des rives de l'Orénoque ne parvenoient à recouvrer, aux dépens même de leur bon sens, qu'une partie de leur bonheur originel, il faudroit apparemment que l'homme fût tout-à-fait métamorphosé en bête pour se trouver réintégré dans la plénitude de ce bonheur originel. C'est justement là ce que prétend Jean-Jacques; il veut même nous persuader que les Orangs-Outangs, les Pungos, les Enjokos, les Mandrilles, et autres singes de diverses espèces, sont de véritables hommes primitifs, dont la race, dispersée anciennement dans les bois, n'auroit pas eu occasion de développer ses facultés (1).

Ainsi le développement des facultés de l'homme

(1) Voyez le Livre intitulé : *Analyse des Ouvrages de Jean-Jacques Rousseau*, par un Solitaire, page 51, & la note huitième de Jean-Jacques, à la suite de son Discours sur l'Inégalité.

peut être tel que l'espèce humaine se trouve partagée en deux classes, ou ordres tellement dissemblables, que l'un produise des Jean-Jacques, et l'autre ne produise que des singes.

» Les Voyageurs, ajoute-t-il, en font sans » façon des bêtes, tandis que les Anciens en » faisoient des Divinités, sous le nom de Sa-» tyres, de Faunes et de Silvains (1) «.

Quant à Jean-Jacques, il ne fait pas précisément des Divinités de ces singes, il se borne à en faire des bienheureux; après les avoir placés dans la classe d'hommes primitifs, il s'exprime ainsi :

» Leur ignorance (des hommes primitifs) à » l'égard de la Divinité, ainsi que par rapport » au bien et au mal moral, dont ils ne pou-» voient avoir aucune idée, étoit donc abso-» lument invincible; ils ne pouvoient donc of-» fenser Dieu; ils ne sont dont pas punis dans » l'autre vie; ils sont donc, après avoir été heu-» reux dans cette vie, parfaitement heureux dans » l'autre (2) «.

L'Orang-Outang est un homme primitif; l'homme primitif est un bienheureux : d'un autre côté, l'homme en qui la raison se fait entendre, déjà loin de l'état primitif, n'est qu'un animal dépravé et malheureux; ainsi l'espèce d'hommes, doués de la raison, n'est qu'une race dégénérée,

---

(1) Voyez la note huitième du Discours sur l'Inégalité, page 220, & l'Analyse du Solitaire, page 631.

(2) Analyse du Solitaire, page 63.

une race bâtarde de l'espèce d'hommes sans raison, appelés Orangs-Outangs.

Regarder que l'homme est une race de l'Orang-Outang, peut être l'opinion de quelques Naturalistes; mais dire qu'il en est une race dépravée, c'est du plus extravagant, et peut-être du plus dépravé des hommes.

17. A quel titre Jean-Jacques annonce-t-il sa nouvelle doctrine au genre humain? Tantôt il se donne comme le confident de la nature, tantôt c'est l'inspiré d'un Dieu; comme apôtre de la nature, il déclare et répète qu'il ne veut écouter qu'elle : elle lui a tout dit; elle ne ment jamais; elle l'a rendu le meilleur de tous les hommes.

Comme inspiré d'un Dieu, il ne s'en tient plus aux leçons de la nature, à ses développemens lents et successifs; il a été miraculeusement accueilli d'une inspiration subite; il s'est vu tout à coup illuminé en lisant le Mercure de France à l'ardeur du soleil, au fort d'un été brûlant. Il faut l'entendre décrire lui-même cette inspiration et les mouvemens qu'elle opéra en lui. C'est dans l'avenue de Vincennes que la scène se passe.

« Tout à coup, s'écrie-t-il, je fus ébloui de » mille lumières; je me sens la tête prise par » un étourdissement semblable à l'ivresse, je » me laisse tomber sous un arbre; j'ai passé une » demi-heure dans une telle agitation, qu'en » me relevant j'apperçois tout le devant de ma » veste mouillé de mes larmes, sans avoir senti » que j'en répandois. Ah! si j'avois pu écrire

» le quart de ce que j'ai vu et senti sous cet » arbre, avec quelle force j'aurois exposé tous » les abus de nos institutions ! Tout ce que j'ai » pu retenir de ces foules de grandes vérités » qui m'illuminèrent sous cet arbre, a été foi- » blement épars dans les trois principaux de mes » Ecrits (1) ».

Certes, les inspirations des Zoroastre, des Numa, des Mahomet, n'eurent rien de si merveilleux que celle de Jean-Jacques. Leur Dieu ne leur inspiroit que ce qu'il vouloit faire connoître aux hommes; celui de Jean-Jacques lui a, dans une demi-heure, révélé plus de choses qu'il n'a pu en rendre pendant toute sa vie.

19. Comme nous sommes dans un siècle où l'on ne croit pas plus aux Inspirés qu'aux Sorciers, mais où l'on doit croire plus que jamais aux esprits délirans, ainsi qu'aux imposteurs, nous sommes réduits à ne voir, dans les principaux Ouvrages de Rousseau, dans son Apocalypse, qu'un délire prolongé, ou une imposture soutenue tout le tems de sa vie. Je veux croire que ce n'est qu'un délire. Outre les circonstances de l'aventure du chemin de Vincennes, qui laissent voir clairement un coup de soleil dans l'étourdissement qui fit tomber Jean-Jacques au pied de l'arbre où il se crut illuminé, je me fonde encore sur les aveux les plus formels de sa part.

(1) Analyse du Solitaire, page 98. Cet Auteur cite quatre ou cinq des Ouvrages de Jean-Jacques, où le même récit est répété.

» De la vive effervescence, qui se fait, dit-il, » dans mon ame, sortent les étincelles de génie » qu'on voit briller dans mes Ecrits, durant dix » ans de fièvre et de délire «.

Voilà un aveu très-formel de sa part d'un délire bien conditionné, aveu qui lui-même porte toute l'empreinte de ce délire. Que seroit-ce donc s'il falloit rapporter tous les autres délires dont il fait de semblables aveux ? Ne nous étonnons plus, d'après cela, de l'entendre déclamer contre la raison et contre tout ce qui s'y rapporte; c'étoit l'effet de ses délires.

Revenons actuellement au Discours de Jean-Jacques sur l'Inégalité parmi les hommes; faisons de suite le rapprochement des grandes vérités éparses dans cet Ouvrage, l'un des fruits de son inspiration subite.

Avant d'avoir lu ce Livre, son titre m'avoit fait penser que le but de l'Auteur étoit de ramener les hommes à cet esprit d'égalité que doit leur rappeler une origine commune, et de cimenter les liens de la Société. Quelle étoit mon erreur ! Le but de ce Livre fut au contraire d'attaquer l'égalité des hommes, et de les armer les uns contre les autres.

DISCUSSION ANALYTIQUE DU DISCOURS DE J. J. ROUSSEAU, SUR L'ORIGINE DE L'INÉGALITÉ.

PREMIERE PARTIE (1).

20. « JE conçois dans l'espèce humaine, dit » Jean-Jacques (page 1), deux sortes d'inégalités; l'une que j'appelle naturelle, parce » qu'elle est établie par la nature; elle consiste » dans la différence des âges, de la santé, des » forces du corps, et des qualités de l'esprit » et de l'ame ».

Tous les hommes sont naturellement égaux, voilà l'axiome général.

Quelle est l'origine de l'inégalité parmi les hommes? voilà la question proposée par l'Académie de Dijon.

L'apôtre de l'égalité, supposant les hommes

(1) On sait que ce discours fut composé par Jean-Jacques, pour concourir au prix proposé par l'Académie de Dijon, touchant une question relative à l'origine de l'inégalité parmi les hommes.

naturellement inégaux, contredit l'axiome, et rend vaine la question qu'il s'étoit engagé de traiter. L'inégalité naturelle une fois établie, il ne faut plus chercher l'origine de l'inégalité sociale, puisqu'il y auroit une liaison essentielle de l'une à l'autre. Dès-lors la question ne pourroit plus être la même; elle se réduiroit à chercher si l'inégalité sociale adoucit ou aggrave l'inégalité naturelle. Mais si l'Académie de Dijon a demandé quelle est l'origine de l'inégalité parmi les hommes, c'est que l'on n'a jamais pensé que les hommes fussent naturellement inégaux, parce qu'ils ne sont pas tous nés le même jour, parce qu'ils ne se portent pas tous bien, parce que tous les développemens du corps et de l'esprit sont différens en eux. L'on a toujours reconnu que les qualités de l'esprit et de l'ame sont naturellement les mêmes chez tous les hommes, puisqu'ils sont de la même espèce. Il n'est point d'homme qui soit dénué d'une seule des qualités propres à son espèce, bonnes ou mauvaises; ce sont les développemens, les modifications de ces qualités, qui diffèrent dans chaque individu; et s'il n'est aucun homme en qui ces diverses qualités soient pareillement développées, ni deux hommes en qui ces développemens soient les mêmes, il s'en faut de beaucoup que l'homme, qui ne connoît bien ni son semblable ni lui-même, puisse décider que son semblable soit naturellement inégal à lui; il s'en faut de beaucoup que ces diversités de formes et de développemens individuels ne puissent altérer l'égalité naturelle, l'égalité spécifique des hommes.

Passons à la seconde espèce d'inégalité que Jean-Jacques conçoit dans l'espèce humaine.

21. « L'autre, dit-il (page 2), qu'on peut ap-

» peler inégalité morale ou politique, parce » qu'elle dépend d'une sorte de convention, et » qu'elle est établie, ou du moins autorisée » par le consentement des hommes ».

Les hommes n'ont établi par aucune sorte de convention, qu'ils seroient inégaux ; ils n'ont pas pu, étant égaux par nature, devenir inégaux par convention : convenir d'être inégaux, ne seroit pas le devenir ; et de même, s'il étoit vrai que les hommes fussent, ainsi que Rousseau le prétend, inégaux par nature, toutes leurs conventions sociales ne les rendroient pas égaux. Ce qu'ont pu, ce qu'ont dû faire les hommes, c'est de régler leurs conventions sociales sur les rapports que la nature a établis entre eux sur l'identité de l'espèce, et sur la diversité des formes et développemens individuels.

Cette liaison essentielle entre ce que Jean-Jacques appelle l'inégalité naturelle, et ce qu'il appelle l'inégalité sociale, anéantit tellement son systême, qu'il cherche à faire prendre, à cet égard, le change à son lecteur, ainsi qu'il suit.

22. « On ne peut pas demander, dit-il (p. 2), » quelle est la source de l'inégalité naturelle, » parce que la réponse se trouveroit énoncée » dans la simple définition du mot ; on peut » encore moins chercher s'il y auroit quelque » liaison essentielle entre les deux inégalités, » car ce seroit demander, en d'autres termes, » si ceux qui commandent valent nécessairement » mieux que ceux qui obéissent, et si la force » du corps et de l'esprit, la sagesse ou la vertu » se trouvent toujours dans les mêmes individus » en proportion de la puissance ou de la richesse ».

Pour réduire ce verbiage à ce qu'il vaut, demandons si, dans l'état de nature, le fort vaut nécessairement mieux que le foible, si la force du corps se trouve toujours dans les mêmes individus en proportion de celle de l'esprit, et la puissance en proportion de la sagesse ou de la vertu; et s'il est constant, si Rousseau reconnoît lui-même que c'est au contraire dans l'état de nature sur-tout, que la loi du plus fort peut mettre l'homme sensé au pouvoir de l'imbécille, que la fraude peut faire triompher le foible du fort même, et que le méchant peut, par toutes sortes d'attentats, opprimer l'homme soumis à la raison, que devient tout le système de Rousseau, puisqu'il résulte de ces observations, que le vice de l'état social mal gouverné ne consiste pas, comme le prétend Rousseau, en ce qu'il s'écarte de l'état brut, qu'il appelle état de nature, mais en ce qu'il s'en rapproche trop, en un mot, en ce qu'il conserve plus ou moins, sous d'autres formes, les discordances et les maux inhérens à cet état brut?

Est-il rien, au reste, de plus ridicule que cette étrange proportion, selon laquelle celui qui commande, par exemple, vingt-cinq millions d'hommes, devroit avoir vingt-cinq millions de fois plus de force de corps et d'esprit qu'un homme ordinaire, sans quoi, et faute d'une inégalité aussi monstrueuse parmi les hommes, il n'y auroit plus aucune liaison entre l'état de nature et l'état social? Cette pitoyable objection étoit une des armes favorites de Jean-Jacques, pour attaquer la hiérarchie sociale. On la retrouve souvent: par exemple, dans son discours sur l'économie politique; il s'exprime ainsi:

23. « Pour que les choses devinssent égales à cet » égard, il faudroit que les talens, la force et

» toutes les facultés du père, augmentassent en » raison de la grandeur de la famille, et que » l'ame d'un puissant monarque fût à celle d'un » homme ordinaire, comme l'étendue de son » empire est à l'héritage d'un particulier ».

Quoi! pour vivre en société, pour ne dépendre que de la loi, les hommes ont besoin d'avoir un chef physiquement supérieur à eux! Ils ne seroient plus en société, ils seroient en servitude; ce ne seroit plus à la loi, ce seroit à l'homme qu'ils obéiroient. Enfin Rousseau assimile ici les hommes aux grenouilles qui demandent un roi. Mais s'il est incontestable que les hommes sont faits pour se gouverner eux-mêmes, si ce qu'on appelle l'état social n'est formé que par les loix ou conventions des hommes, c'est donc dans la loi seule que résident la force et la vertu du commandement, et non pas dans le chef, qui ne fait lui-même qu'obéir à la loi. Or, puisque le chef d'hommes en société n'est rien que par la loi et pour la loi, celui qu'il faut pour chef, celui qui est le plus propre à commander à des hommes en société, n'est donc autre que l'homme le plus obéissant à la loi, et non pas un homme prodigieux. Mais l'inflexible fidélité aux loix, cette vertu si essentielle, surtout dans un chef, étant d'autant plus rare, qu'elle exige elle-même la réunion de bien d'autres vertus, sans lesquelles elle se perd facilement dans l'exercice de l'autorité, c'est à la loi elle-même à prévoir et peser les suites de l'erreur du choix ou du sort dans la distribution de l'autorité sociale, ainsi que dans la répartition des attributs qui forment les différentes classes de la société conventionnelle.

C'est ainsi que l'esprit de la société conventionnelle, loin d'établir les discordances que Jean-Jacques lui impute, consiste au contraire à étouffer celles qui sont inhérentes à l'état de société naturelle, à ce qu'il appelle état de nature. Et comme il n'est que trop vrai que la société conventionnelle ou politique s'écarte à cet égard de l'esprit de son institution, cherchons les moyens de la ramener à cet esprit, et ne perdons pas de vue sur-tout, que toutes les diversités de richesses, d'état et de rang, n'établissent aucune inégalité parmi les hommes, que l'état ne fait pas l'homme, que la diversité de l'état ne fait pas l'inégalité de l'homme. Si les hommes ne sont que trop accoutumés à se mesurer selon les circonstances fortuites et selon leurs préjugés; si, prenant pour inégalités ce qui n'est que diversités, ils choquent sans cesse le principe de l'égalité que tous pourtant font profession de reconnoître, est-ce aux philosophes à fomenter à cet égard leurs erreurs ou leurs écarts? ne doivent-ils pas au contraire appliquer tous leurs soins à nous remettre sous les yeux la vérité? Tel a été sans doute, le but de l'Académie de Dijon, dans la question qu'elle a proposée: cette compagnie a voulu rappeler aux hommes leur égalité naturelle, quelle que soit la diversité des états ou des conditions, bien loin de reconnoître que cette diversité puisse rendre les hommes aucunement inégaux. En un mot, si la question fut énoncée dans des termes conformes au génie du siècle, l'esprit de cette question n'en dut pas moins être de ramener les hommes à l'équité, à la bienfaisance, véritables et unique caractères de ce qu'on peut parmi les hommes appeler *égalité*.

Après l'inégalité naturelle et l'inégalité conventionnelle, les deux seules que Jean-Jacques avoit annoncées, il découvre une troisième origine à l'inégalité.

24. « La religion, dit-il, nous ordonne de » croire que, Dieu lui-même ayant tiré les » hommes de l'état de nature, ils sont inégaux, » parcequ'il a voulu qu'ils le fussent.

D'abord est-il vrai que la religion nous ordonne de croire que Dieu ait tiré les hommes de l'état de nature? Est-il vrai encore que la religion nous ordonne de croire que les hommes sont inégaux, parce que Dieu a voulu qu'ils le fussent? Ne nous enseigne-t-elle pas, au contraire, qu'aux yeux de Dieu principalement, tous les hommes sont égaux? Quoiqu'il en soit, rapprochons les idées que Jean-Jacques nous offre à ce sujet.

Dieu lui-même a tiré les hommes de l'état de nature, et l'état de nature n'a peut-être jamais existé.

Dieu lui-même à tiré les hommes de l'état de nature, et les hommes doivent faire tous leurs efforts pour retourner à l'état de nature.

Dieu lui-même a voulu que les hommes fussent inégaux, et les hommes doivent encore, à cet égard, opposer leur volonté à celle de Dieu lui-même.

De combien de coups à la fois Jean-Jacques frappe-t-il la religion qu'il s'étoit engagé à respecter? Par combien d'endroits attaque-t-il l'égalité des hommes qu'il s'étoit chargé de défendre?

Est-il concevable que le délire d'un homme puisse aller jusqu'à nous venir dire: Vous êtes inégaux naturellement, et cela par la différence des âges, des forces du corps, de la santé, des qualités de l'esprit et de l'ame? Vous êtes inégaux, parce que Dieu a voulu que vous le fussiez; vous l'êtes encore par vos propres conventions sociales. Mais je vous dis, moi, que, malgré tout, vous devez être égaux: détruisez toutes vos conventions sociales, renoncez à la raison dont la nature vous a doués, et retournez vivre avec la brute dans les bois.

Ce sont pourtant de telles impertinences que l'on admire dans Jean-Jacques. Le siècle, il est vrai, étoit déjà plus que disposé à rompre tous les nœuds de l'équité, de l'humanité: le mot égalité parut très-propre à être pris pour le cri de guerre, il fut adopté; changeons ce cri de guerre dans le symbole de paix; prouvons que le mot égalité s'identifie lui-même avec équité et humanité.

Il faut convenir d'abord qu'il n'y a point de mots dont on ne puisse abuser, sur-tout parmi ceux que l'usage étend au delà de leur signification propre; mais cet abus de mots ne change point le fond des choses. Ce n'est proprement que sous le rapport de leurs actions, que les hommes peuvent se mesurer. Sous le rapport de l'espèce, il y a identité; sous le rapport des formes et développemens individuels, nous avons fait voir qu'il y a diversité, et non pas inégalité: observons-les actuellement sous le rapport de leurs actions; c'est, je le repète, sous ce rapport seulement que l'on peut les apprécier, et il est facile de voir qu'à cet égard le mot égalité ne signifie rien autre chose qu'équité.

Tous les hommes, a-t-on dit, de tout tems,

doivent observer entre eux *l'équité*. Tous les hommes, nous dit-on aujourd'hui, doivent observer entre eux *l'égalité* ; et sur cela, que nous dit la raison ? La raison (indépendamment de l'étymologie de ces deux mots, qui est manifestement la même) nous dit qu'équité ne signifie absolument autre chose qu'égalité. Comme il faut une grande étendue de jugement pour discerner, et beaucoup d'empire sur soi-même et de raison pour garder et observer dans toutes ses actions l'égalité ou équité envers ses semblables, les hommes ont conçu, dans l'exercice ou la pratique de l'égalité, l'idée d'une vertu sublime, quoiqu'égalité, dans sa signification propre, ne se rapporte qu'à ce qui se mesure. On voit la même chose à l'égard du mot *justice*, qui exprime la même vertu que le mot équité, et qui a, comme elle, la balance pour emblême; il dérive du mot *juste*, dont la signification propre ne se rapporte non plus qu'à ce qui se mesure. Telle fut la marche de l'esprit humain dans ses développemens ; c'est à l'aide de choses qui tombent sous ses sens, que l'homme a pu exprimer et définir les vertus auxquelles il s'élève par son entendement.

L'égalité s'identifiant, comme on vient de le voir, avec équité, s'identifiera de même avec humanité.

N'avons nous pas vu que, sous le rapport de l'espèce, c'est uniquement dans leur qualité d'hommes, dans leur humanité, que réside l'égalité des hommes, malgré l'infinie diversité des formes et développemens individuels ? Par conséquent, observer l'égalité n'est autre chose qu'observer l'humanité : il est donc vrai de dire que l'égalité ou équité s'identifie avec humanité, puisque, sous le rapport de l'espèce, l'égalité, l'humanité n'expriment qu'une même qualité qui est commune à tous les hommes, et, sous le rapport des actions, une même vertu que tous les hommes doivent exercer.

C'est cette vertu dont nous avons perdu les véritables traces, et que nous avons disséquée, tant sous le nom d'équité auquel nous n'attachons qu'une idée austère, que sous le nom d'humanité que nous attachons simplement à des idées de bienfaisance; c'est, dis-je, cette vertu que les premiers pères du genre humain apperçurent au naturel sous le nom d'égalité (1).

Mais comment les hommes, malgré la diversité infinie des formes et développemens individuels que Jean-Jacques appelle inégalités, et sur-tout malgré l'effort des passion, observeront-ils cette égalité ou équité? Il fallut que les hommes fissent des conventions, qu'ils établissent des gouvernemens en forme, pour la faire observer dans tout ce qui peut être soumis à la surveillance publique.

Pour que le gouvernement soit constitué dans le véritable esprit d'égalité, d'humanité, la première condition est que chacun soit également soumis à la loi, et protégé également par elle: s'il en est autrement, c'est alors qu'il n'y a plus

(1) L'humanité, la bienfaisance et l'équité sont naturellement inséparables. La bienfaisance sans équité n'est pas bienfaisance, tout comme l'équité sans humanité n'est pas équité. Si l'on mettoit sur le temple de la Justice le mot *humanité* ou *bienfaisance*, et sur le temple de la Bienfaisance le mot *justice*, ce seroit, aux yeux de l'homme attentif, définir la chose, plutôt que changer le nom.

d'égalité, d'équité; le gouvernement est inique, il est inhumain, il est horrible.

Denis le Tyran avoit imaginé de faire accourcir ou alonger le corps de ceux qui étoient plus grands ou plus petits que lui. Voilà l'égalité proprement dite. On ne peut, en matière politique aussi bien qu'en physique, prendre cette expression dans le sens propre, cesser de l'identifier avec l'équité, sans devenir à la fois bourreau de ceux qu'on alonge et de ceux qu'on accourcit.

Nous avons prouvé, ainsi que nous l'avions annoncé, que l'égalité s'identifie avec l'équité, l'humanité. En envisageant ainsi l'égalité sous le seul point de vue qui lui convienne, sous le point de vue de l'équité, de l'humanité, il est facile d'apprécier les questions et dissertations sur l'égalité, dont le public est inondé. Tout ce que l'on peut dire de raisonnable sur l'égalité, n'est autre chose que ce qui s'est répété sans cesse depuis que le monde est monde, sous les noms d'équité, bienfaisance, humanité. Séparez l'idée d'égalité, des sentimens d'équité, bienfaisance, humanité, elle ne se rapporte plus qu'à ce qu'on peut imaginer de plus contraire à la raison, et n'est propre qu'à porter les hommes à tous les crimes, à les faire tomber dans le plus horrible abrutissement. Or, je le demande, dans quel esprit élevons-nous ces questions sur l'égalité avec une telle affluence, qu'une seule année a vu éclore, dans une seule de nos villes, plus d'ouvrages sur cette matière, qu'il n'y en a eu dans le monde entier depuis le commencement des siècles? Ces ouvrages se rapportent-ils aux sentimens d'équité? Dans ce cas, applaudissons-nous. Si nos prédécesseurs ont tout dit sur ce qui caractérise l'équité, ils ont beaucoup laissé à dire sur les moyens de la faire mieux observer parmi les hommes. Mais ces ouvrages sont-ils diamétralement contraires à l'équité ? Cessons alors, cessons de nous applaudir ; puisque ce prétendu sentiment d'égalité, séparé de l'équité, contraire par conséquent à la raison qui distingue l'homme de la bête, n'est qu'un sentiment brut, qu'un sentiment animal qui ne tient plus qu'à l'instinct ; donnez à l'animal la parole, et l'on verra si depuis le lion qui déchire l'homme, jusqu'à l'insecte qui le pique et le suce, il est, parmi les animaux, une seule espèce qui, dans sa déclaration, des droits, ne se portât au moins égale en droits à l'homme. En effet, l'animal doué, par la nature, du sentiment tout comme l'homme, chargé par elle du soin de sa subsitance et de sa conservation tout comme l'homme, ne donneroit à ses prétendus droits d'autres bornes que celles de ses facultés, n'ayant par conséquent de règles que l'impulsion de ses sens, que son seul instinct (1) ; au lieu que l'homme, s'il imagine de parler de droits, est obligé, à moins qu'il ne renonce entièrement à la qualité d'être raisonnable, de leur donner pour bornes l'équité, et par conséquent pour règles la raison (2) : donc le sentiment d'égalité, séparé de celui d'équité, et par conséquent de la raison, n'est qu'un sentiment animal qui nous livreroit, comme la brute, à la seule impulsion de nos sens. Donc, si notre corruption et notre aveu-

(1) Ce qui, au lieu de droits, ne laisse plus que facultés, instinct.

(2) Ce qui, au lieu de droits, laisse voir l'équité, la raison, qui élèvent l'homme vers son auteur.

glement sont tels que notre entendement ne nous ait laissé concevoir que ce sentiment animal, là où nos premiers pères découvrirent une vertu, source de toutes les vertus, nous sommes dégénérés, et bientôt entièrement dégradés; il faudra, après avoir écouté celui qui osa nous conseiller d'abjurer la raison, suivre aussi le conseil qu'il y joint, d'aller vivre avec la brute dans les bois : l'un n'est que la conséquence de l'autre.

Jean-Jacques ayant si positivement déclaré que l'inégalité parmi les hommes dérive d'abord de la nature, secondement, de la propre convention des hommes, troisièmement, de la volonté divine, cette triple origine donne la solution complette de la question proposée par l'Académie, puisque cette question ne consiste qu'à connoître *l'origine de l'inégalité parmi les hommes, et si elle est autorisée par la loi naturelle.* Mais nous allons voir que le but de l'auteur, en tranchant ainsi la question, n'étoit pas d'en rester là. Le texte de l'Académie n'a été pour lui qu'une occasion d'annoncer lui-même une question à sa guise, et qui ouvrît à son imagination la carrière qu'il désiroit. Il va mettre à l'écart la question de l'Académie, comme nous l'avons vu plus haut mettre à l'écart tous les livres scientifiques.

25. « La religion, dit-il (page 6), ne nous » défend pas de former des conjectures tirées de » la seule nature de l'homme, et des êtres qui » l'environnent, sur ce qu'auroit pu devenir le » genre humain, s'il fût resté abandonné à lui-» même. Voilà ce qu'on me demande, et ce que » je me propose d'examiner dans ce discours ».

Quand la religion ne défendroit pas de tirer des conjectures destructives de ce qu'elle enseigne; quand Jean-Jacques pourroit tirer des conjectures de l'état de nature, après avoir déclaré que l'état de nature n'a peut-être jamais existé, toujours est-il que rien ne ressemble moins à la question proposée par l'Académie, que celle que Jean-Jacques s'avise de lui substituer.

Jean-Jacques voudroit conserver à la fois deux caractères incompatibles, celui de philosophe chrétien, et celui d'esprit fort. Comme philosophe chrétien, il veut paroître prendre en considération ce que la religion permet ou défend; comme esprit fort, il se décide à enseigner le contraire de ce que la religion enseigne; il veut, avec cela, nous persuader que c'est-là ce que l'Académie lui demande : il voulut le persuader à l'Académie elle-même; et, sur ce qu'il n'en obtint pas le prix, on le voit, dans ses Confessions, se déchaîner contre elle et contre le siècle.

Au reste, la nouvelle question touchant l'homme abandonné à lui-même, que Jean-Jacques s'avise de substituer à celle de l'Académie, est insoluble, en partant de ce que dit Jean-Jacques, que l'état de nature n'a peut-être jamais existé; elle est déjà toute décidée, en partant de cet autre dire de Jean-Jacques, que nous voyons dans l'Orang-outang l'homme primitif, l'homme abandonné à lui-même : elle n'est pas proposable en partant du dogme du libre arbitre, enseigné par la religion que Jean-Jacques atteste si souvent. Et par-dessus tout cela, ne voit-on pas qu'il faudroit être Dieu lui-même, pour savoir ce que l'homme seroit devenu, en supposant un ordre des choses différent de celui qui existe?

26. « O homme! continue Jean-Jacques (p. 7), » voici ton histoire telle que j'ai cru la lire, non » dans les livres de tes semblables, qui sont » tous menteurs, mais dans la nature, qui ne » ment jamais. Tout ce qui sera d'elle est vrai; » il n'y aura de faux que ce que j'aurai mêlé du » mien, sans le vouloir ».

O homme! qui, sur la foi de Jean-Jacques, cherches ton histoire dans cet ouvrage, si tu parviens à distinguer ce qui est de la nature et ce qui est de Jean-Jacques, à démêler le vrai d'avec le faux, tu connoîtras sans peine que le vrai avoit été dit par beaucoup d'autres avant lui; qu'ainsi il ne nous a appris que du faux, d'autant plus dangereux, qu'il a mis plus d'art à l'entre-mêler avec des vérités connues. Au reste, Jean-Jacques ayant avoué que la nature ne lui a pas fait connoître l'homme naturel, ni l'état de nature, ni la loi que l'homme a reçue, ni celle qui convient le mieux à sa constitution, n'a plus, ce semble, à nous offrir que le roman, et non pas l'histoire de l'homme naturel.

27. « Quelque important, continue Jean-Jacques, » qu'il soit, pour bien juger de l'état naturel de » l'homme, de le considérer dès son origine, et » de l'examiner, pour ainsi dire, dans le pre- » mier embryon de l'espèce, je ne suivrai point » son organisation à travers ses développemens » successifs; je ne m'arrêterai point à chercher » dans le système animal ce qu'il put être au » commencement, pour devenir enfin ce qu'il » est. Je n'examinerai point si, comme le pense » Aristote, ses ongles alongés ne furent point

» d'abord des griffes crochues. Sans avoir égard » aux changemens qui ont dû survenir dans la » conformation, tant intérieure qu'extérieure, de » l'homme, à mesure qu'il appliquoit ses mem» bres à de nouveaux usages, et qu'il se nour» rissoit de nouveaux alimens, je le supposerai » conformé de tout temps comme je le vois » aujourd'hui, marchant à deux pieds, se ser» vant de ses mains comme nous nous servons » des nôtres ».

Jean-Jacques vient d'annoncer qu'il alloit tracer l'histoire de l'homme, telle qu'il l'a lue, non dans les livres des hommes, qui sont tous menteurs, mais dans le livre de la nature, qui ne ment jamais; et, au lieu de nous dire ce qu'il a lu dans le livre de la nature, touchant l'origine de l'homme, il ne nous dit que ce qu'il a lu dans le livre d'Aristote, d'un homme, d'un menteur; il divise le genre humain en plusieurs races, et ne commence son histoire qu'à la dernière, à celle qui subsiste aujourd'hui. Mais ce qui va paroître le plus étonnant, c'est que Jean-Jacques, après avoir déclaré qu'il ne veut pas remonter à l'origine de l'homme, ni le considérer tel qu'il a dû sortir des mains de la nature, ne laisse pas de déclarer tout de suite après, qu'il entend le considérer tel qu'il a dû sortir des mains de la nature.

28. « En dépouillant, dit-il (page 12), cet » être ainsi constitué, de tous les dons surna» turels qu'il a pu recevoir, et de toutes les fa» cultés artificielles qu'il n'a pu acquérir que » par de longs progrès, en le considérant, en » un mot, tel qu'il a dû sortir des mains de la » nature, je vois un animal, etc. ».

Mais,

Mais s'il est vrai que l'homme ne soit point sorti des mains de la nature, sous sa forme actuelle; Jean Jacques, qui ne le considère que sous sa forme actuelle, ne le considère donc pas tel qu'il a dû sortir des mains de la nature; il y a certainement bien moins de différence de l'homme de nos jours, à l'être qui, dans le système de Jean Jacques, fut le premier qui eut la figure humaine, qu'il n'y en avoit de ce premier homme, à l'animal dont Jean Jacques le fait descendre.

Jean Jacques s'étend ensuite en beaucoup de comparaisons de l'homme avec les animaux.

26. « Les hommes, dit-il (page 13), dis-» persés parmi eux, observent, imitent leur in-» dustrie, et s'élèvent ainsi jusqu'à l'instinct » de la bête, avec cet avantage que chaque » espèce n'a que le sien propre, et que l'homme » n'en ayant peut-être aucun qui lui appartienne, » se les approprie tous, etc. »

Ici, l'homme naturel n'a peut être pas d'instinct propre; et ailleurs, l'homme fut peut-être livré, par la nature, au seul instinct. Ici, ce qui est propre à l'homme naturel, et l'élève dabord à l'instinct de la bête, et ensuite fort au dessus, c'est la faculté de réfléchir, de méditer, d'observer; et l'homme qui médite, nous a-t-il dit ailleurs, est un animal dépravé et hors de l'état de nature.

Après avoir ainsi comparé l'homme naturel à la brute, du côté de l'instinct, il les compare du côté de la férocité; il les trouve, à cet égard, très-semblables, et les met souvent aux prises. Il observe (page 18) que l'homme a pour lui l'avantage de l'adresse, outre la ressource de trouver son salut en grimpant sur un arbre. Mais voici l'impayable.

« Quant aux animaux (dit-il), qui ont réellement » plus de force que l'homme n'a d'adresse, l'es- » pèce humaine ne laisse pas de subsister comme » les autres espèces plus foibles ».

Comme si l'espèce du ver de terre et du plus vile reptile ne laissoit pas de subsister aussi, quoique ces animaux servent de pâture à d'autres animaux ! Quelle heureuse, quelle brillante destinée Rousseau promet aux hommes, s'ils sont dociles à sa voix, s'ils retournent vivre avec la brute !

Ne soyons pas surpris, au reste, de toutes ces insurrections des animaux contre les hommes. Si le même instinct qui a fait connoître à Rousseau qu'il descendoit d'un singe ou d'un ours, a de même fait sentir aux animaux, que l'homme, originairement, n'étoit pas plus qu'eux, cela devoit entretenir une jalousie et une haine perpétuelle ; les hommes se trouvoient, relativement aux autres animaux, un ordre d'*aristocrates*. Si les facultés des uns étoient plus développées, les autres avoient conservé leurs griffes.

Au reste, Jean Jacques ajoute, qu'à l'égard de la santé, l'espèce humaine n'est point non plus de pire condition que les autres animaux ; il juge, par des exemples, entre autres, tirés de la guerre de Troie, que, dans l'état de nature, les maladies devoient être inconnues parmi les hommes ; qu'ainsi, dans cet heureux état de nature, l'homme n'avoit pas besoin de médecin. Il oublie pourtant que, ne fût-ce qu'à partir des combats continuels des hommes avec les ours et autres bêtes féroces, les chirurgiens, au moins, ne leur auroient pas été inutiles. Enfin, pour achever de peindre l'homme au naturel, et de le rendre intéressant, il observe qu'il doit penser peu, dormir beaucoup, avoir le touchet et le goût d'une rudesse extrême, et du nez comme le meilleur chien de chasse.

« Je n'ai jusqu'ici considéré, poursuit Jean-» Jacques (page 29), que l'homme physique; » tâchons de le regarder maintenant par le côté » métaphysique et moral ».

27. « Tout animal dit-il (page 31), a » des idées, puisqu'il a des sens; il combine » même ses idées jusqu'à un certain point, » et l'homme ne diffère à cet égard de la bête, » que du plus au moins : quelques philosophes » ont même avancé qu'il y a plus de différence » de tel homme à tel homme, que de tel homme » à telle bête ».

N'est-ce donc que lorsque les philosophes témoignent le plus grand mépris pour leurs semblables, que Jean-Jacques, qui d'ailleurs rejette si hautement tous les livres de ces philosophes, se complaît à se réunir avec eux? Quoiqu'il en soit, ces philosophes n'ont sûrement pas écrit cela dans un ouvrage fait pour prouver que les hommes sont égaux; et ce qui m'embarrasse de plus en plus, c'est de savoir comment Jean-Jacques, après tant de déclarations sur l'inégalité prétendue des hommes, sous le rapport physique, métaphysique et moral, fera pour prouver qu'ils sont naturellement égaux, et que l'inégalité n'est parmi eux qu'une suite de leurs institutions?

28. « Ce n'est pas tant l'entendement, continue-t-il (page 31), qui fait parmi les

» animaux, la distinction spécifique de l'homme ;
» que la qualité d'agent libre ».

Mais la qualité d'agent libre ne pouvant être qu'en raison de l'entendement, ce n'est que par la supériorité du sien que l'homme peut être plus libre que la brute : Jean-Jacques, prévoyant l'objection, ajoute (page 32) :

29. « Quand les difficultés qui environnent » cette matière, laisseroient quelque lieu de dis- » puter sur cette différence de l'homme et de » l'animal, il y a une qualité très-spécifique qui » les distingue, et sur laquelle il ne peut y avoir » de contestation : c'est la faculté de se perfec- » tionner ; faculté qui, à l'aide des circons- » tances, développe successivement toutes les » autres, et réside parmi nous, tant dans l'es- » pèce que dans l'individu ».

Nous voilà arrivés au grand système de la qualité distinctive de l'homme, que Jean-Jacques appelle la *perfectibilité* ; système qui lui a tant servi à égarer les hommes, et dont l'absurdité est pourtant si manifeste. Sans m'arrêter ici à disserter sur le mot de *perfectibilité*, qui n'a aucun sens propre connu (1), je vais prendre ce mot selon la définition de Jean-Jacques, quelque arbitraire qu'elle soit.

---

(1) Les mots parfait, perfection, dont on a déduit *perfectibilité*, ont un sens propre, puisqu'ils sont des attributs de l'Etre suprême ; mais pour trouver un sens propre au mot *perfectibilité*, il faudroit, avant tout, supposer ou que Dieu n'a pas toujours été parfait, n'a pas toujours été Dieu, ou que d'autres êtres ont la faculté de devenir parfaits, de devenir Dieu ; autrement l'on ne peut assigner au mot *perfectibilité* aucun sens propre. Aussi Jean-Jacques a-t-il soin de nous prévenir sur le sens particulier qu'il attache arbitrairement à cette expression.

D'abord, puisque cette prétendue perfectibilité n'est autre chose, selon la définition de Jean-Jacques, que la faculté qui sert à développer toutes les autres, tous les animaux, et même les plantes, sont donc doués de la perfectibilité tout comme l'homme; car les animaux et les plantes ont, ainsi que lui, la faculté qui sert à développer toutes leurs autres facultés et propriétés. Ce n'est donc pas la perfectibilité, en la prenant même dans l'acception de Jean-Jacques, qui distingue l'homme des autres êtres.

En second lieu, nous avons vu Jean-Jacques déclarer que c'est l'entendement qui non-seulement supplée à l'instinct que l'homme n'a pas, mais même qui l'élève fort au dessus : c'est donc l'entendement qui distingue l'homme de la bête, selon Jean-Jacques lui-même.

Ce n'est pas l'entendement qui fait la distinction spécifique de l'homme et de l'animal, et c'est l'entendement qui fait la distinction spécifique de l'homme et de l'animal : voilà ce que nous venons de recueillir des documens de Jean-Jacques.

Ce n'est pas l'entendement, c'est la perfectibilité qui fait la distinction de l'homme & de l'animal : voilà ce que nous apprend une autre leçon de Jean-Jacques. De cette autre leçon, il résulte que, puisque Jean-Jacques ne veut pas que cette faculté distinctive, qu'il appelle *perfectibilité*, réside dans l'entendement, et encore moins dans l'instinct, qu'il dit que l'homme n'a peut-être pas, cette perfectibilité de l'homme ne seroit plus qu'une simple faculté végétative, d'après sa définition même; car il n'y a que l'entendement, l'instinct ou la végétation, qui servent à développer les facultés ou propriétés des différentes espèces d'êtres. Nous voyons donc, d'un côté, contradiction, de l'autre, absurdité.

30. Actuellement je le demande : N'est-ce pas dans l'entendement humain que réside cette faculté qu'ont les hommes de se communiquer les idées les plus abstraites, et de les transmettre d'âge en âge par la tradition ? N'est-ce pas par suite de cette communicabilité de cette faculté traditionnelle, que, toutes choses d'ailleurs égales, on voit tant de différences de tel homme à tel homme, de telle génération à telle génération, et qu'une génération éclairée des lumières que les générations précédentes lui ont transmises, et y ajoutant le fruit de ses propres réflexions, prépare à la génération suivante les moyens de la surpasser elle-même ? Pourroit-on imaginer l'étendue des lumières qui pourroient être répandues aujourd'hui parmi les hommes, à l'aide de cette faculté traditionnelle, si, plus soumis à leur raison et à leurs loix, ils eussent toujours fait de cette communicabilité l'usage qu'il étoit en leur pouvoir de faire, et si les révolutions qu'amènent la décadence des loix et les égaremens de la raison, n'avoient pas fait successivement retomber dans la barbarie toutes les nations que les loix (nées de la tradition) en avoient retirées.

Mais Jean-Jacques n'avoit garde de s'arrêter à cette faculté distinctive, à cette communicabilité. Premièrement, elle prouve à quel point la nature a fait l'homme pour la société ; et Jean-Jacques soutient que l'homme n'est pas naturellement sociable.

Secondement elle fait voir combien il est absurde de dire qu'il y a plus de différence de tel homme à tel homme, que de tel homme à telle bête ; car l'homme le plus borné, le plus inepte, est doué de cette communicabilité distinctive, qui ne s'est jamais fait connoître, même dans le plus subtil des animaux.

Troisièmement enfin, cette communicabilité anéantit d'autant plus entièrement ce ridicule système de la perfectibilité, pour l'action de laquelle Jean-Jacques imagine des milliers de siècles, qu'il est de toute évidence que ce n'est pas par l'effet de cette prétendue perfectibilité que l'homme acquiert la faculté communicative; c'est au contraire à l'aide de cette faculté communicative inhérente en lui, qu'il parvient à se perfectionner.

La tradition parut, de tout tems, si admirable, elle contribua tant d'ailleurs aux progrès de la religion, que l'on a fini par consacrer ce terme, qui ne s'applique plus qu'à la religion même. De là s'ensuivit l'oubli de la signification étymologique de ce terme; on oublia que la tradition est un des plus précieux fruits de l'entendement humain, un des chef-d'œuvres de cet entendement qui distingue le plus l'homme de la bête; on l'oublia au point, que, dans le dix-huitième siècle, dans ce siècle où les hommes sont si contens de ce qu'ils appellent les progrès de leurs lumières, ils ont été dupes d'un sophiste qui est venu leur dire que ce n'est pas l'entendement (dont la tradition est le fruit) qui fait la distinction spécifique de l'homme et de la bête, mais que c'est la *perfectibilité* (1).

(1) Combien l'ignorance de nos savans, l'ineptie de nos illuminés, la mauvaise foi de nos sages paroîtroient au grand jour, si l'on retrouvoit l'étymologie de tant de mots, les plus anciens et les plus importans, dont on a perdu, ou falsifié la signification originaire!

31. Mais le plus admirable des chef-d'œuvres de cet entendement humain, celui qui distingue par excellence l'homme de la brute, c'est l'aptitude à remonter jusqu'à la connoissance de l'auteur de toutes choses et de lui-même; aptitude que la brute ne sçauroit avoir, et qui en effet lui est parfaitement inutile pour la vie à laquelle elle est bornée; cette faculté qui fait concevoir à l'homme son créateur, et qui est egalement propre à tous les hommes et étrangère à la bête : cette faculté, disons-nous, ne se rapporte à aucune faculté animale; il n'y a point, à cet égard, de plus et de moins entre l'homme et la bête; cet intellect ne tient ni à l'instinct de la bête, ni au génie des mortels privilégiés; et ce qui confond ces esprits superbes, qu'une apparence de sçavoir rend si vains, c'est qu'aux yeux de la raison, ce n'est pas dans les prétendues lumières de leur génie, c'est dans la simple conception, propre à tous les hommes, de l'auteur de leur être, que réside le principe de la sagesse (1). Cette conception d'un Créateur, qui caractérise si bien

---

(1) Qui est-ce qui pourroit dire en quoi la faculté qu'a l'homme de mesurer le ciel et la terre, en quoi son aptitude pour les arts et les sciences, peut entrer dans les vues essentielles de la nature sur l'homme. Ce qui entre essentiellemment dans les vues de la nature, c'est cet intellect, cette raison qui fait concevoir à l'homme l'auteur de son être; et l'aptitude qu'au reste on voit en l'homme pour les arts et pour les sciences, n'est que l'effet de cet intellect. L'homme qui ne s'adonne qu'aux sciences ou arts, n'emploie pas ses facultés selon le vrai but de la nature, selon sa destination d'homme. Si toute l'intelligence que l'homme a employée à acquérir ces sciences, qui, par l'usage qu'il en fait, lui sont plus souvent nuisibles qu'utiles;

chez l'homme une destination différente de celle de la brute, est même, à proprement parler, la religion de l'homme ; ce fut celle du premier des hommes ; c'est elle seule qui peut, quelque immense que soit l'intervalle, lier la créature au Créateur, l'Etre à peine sans elle distingué du néant, à l'être des êtres.

Si l'on voit tant de faux cultes, c'est dans les symboles de cette religion que les hommes, par les égaremens de leur esprit, diffèrent, et qu'ils errent ; mais, malgré tous ces schismes, la religion est une par toute la terre, puisque la religion consiste dans la conception de l'auteur de son être, et que cette conception, qui relie (1) ou réunit en esprit la créature à son créateur, est propre à tous les hommes, et est le chef-d'œuvre de l'entendement ; la bête n'y participe en aucune manière : donc, encore une fois, l'entendement est la faculté qui distingue spécifiquement l'homme de la bête (2).

---

si toute cette intelligence, tous ces travaux eussent été dirigés vers l'objet qui entre dans les vues essentielles de la nature, combien l'espèce humaine seroit avancée dans le chemin de la sagesse, sans l'être moins, et devant au contraire l'être beaucoup plus qu'elle ne l'est dans les sciences, les développemens des facultés accessoires devant naturellement augmenter à raison des développemens de la faculté principale !

(1) *Religio à religo.*

(2) De la politique à la métaphysique, et enfin à la religion et à ses symboles ; me voilà, ce semble, bien loin du point d'où je suis parti, sans que pourtant je me sois écarté de ma route, ni qu'aucun des approfondissemens auxquels je me livre, soit étranger à la discussion des principes de Jean-Jacques Rousseau, auxquels, comme on l'a vu, mon sujet m'a amené. Je ne songeois,

32. La religion de l'homme tenant à l'entendement humain, l'on peut dire que la révélation y tiendra aussi ; car la religion, la conception qui réunit en esprit la créature au Créateur, est, sans contredit, une révélation, et le fondement de toute révélation ; et si cette conception est, ainsi que nous l'avons observé, le principe de la sagesse humaine, le complément de la sagesse humaine seroit de même le complément de la révélation. Aussi je regarderois comme chose très-importante, que des hommes doctes sondassent dans ce que l'écriture nous a transmis des patriarches et des prophètes, les voies et la marche de la révélation, depuis Adam, le premier inspiré, jusqu'au fils de l'homme ; l'on y découvriroit infailliblement les rapports de la marche de la révélation avec la marche de l'esprit humain (1).

---

dans l'examen des opinions de Jean-Jacques sur les rapports de la bête avec l'homme, qu'à me défendre de l'erreur que cet auteur captieux présente avec art : mais peut-on étudier avec approfondissement ce qui distingue spécifiquement l'homme des autres êtres, sans que les rapports de l'homme à l'auteur, à la source des êtres, se présentent nécessairement à notre entendement ?

(1) Si la révélation ne suivoit pas la marche de l'esprit humain, pourquoi les loix qui furent inspirées à Moyse pour le peuple de Dieu, ne furent-elles pas révélées à Abraham, père de ce peuple choisi, ni à Jacob, chef des douze tribus, ni enfin à Joseph qui gouverna ce peuple, tous trois inspirés eux-mêmes ? et pourquoi la loi de Moyse elle-même, quoique dictée pour un peuple choisi de Dieu, fut-elle si imparfaite auprès de celle qui fut donnée au monde 1600 ans après par le Fils de l'Homme ? pourquoi sur-tout la loi du Messie n'a-t-elle été donnée au monde qu'après quatre mille ans, et non pas dès le commencement des siècles ; ou pourquoi enfin a-t-elle été donnée à cette époque, si, depuis près de deux

L'on ne peut douter que la doctrine du Fils de l'Homme ne renferme le complément de tout ce qui peut être à la portée de la sagesse humaine; l'on ne peut douter que si la sagesse dont l'homme est susceptible, se développoit au point que les mortels vinssent à comprendre tout ce que le Fils de l'Homme a enseigné, tous les hommes ne se réunissent au même culte : c'est alors que la révélation seroit consommée, l'homme fini, et la terre ne seroit plus un séjour digne de lui. Or d'où provient la sagesse de l'homme, sinon du bon usage de la raison, de l'entendement humain? Donc, sous tous les points de vue imaginables, c'est dans leur entendement que réside la faculté

---

mille ans, elle a si peu fructifié dans la totalité du genre humain; si, parmi les hommes même qui la professent, elle est sujette à tant de disputes et de schismes; si, en un mot, elle est encore si mal entendue? Transposons l'époque de son établissement, et demandons si, en nous reportant, par exemple, sous le règne du plus sage des rois selon les hommes, cette époque eût été favorable à son établissement; si l'on eût reconnu cette religion dans le cantique des cantiques, qu'on nous dit en être la figure ou l'annonce; ou, supposant que cet établissement eût été retardé jusqu'à notre siècle, prétendu le plus éclairé de tous les siècles, demandons si c'est, par exemple, à la faveur des *droits de l'homme* qu'elle eût trouvé à s'introduire et à se propager, et jugeons, d'après cela, si, à toute autre époque que celle où elle a été donnée aux hommes, elle ne fût pas venue ou trop tôt pour être reçue et pour fructifier sur la terre, ou trop tard pour pouvoir résister aux attaques qui devoient lui être portées. Toutes ces questions, et tant d'autres qui se présentent à l'esprit, trouveroient sans doute leur solution dans une étude approfondie de la marche de la révélation. Les hommes peuvent devoir encore à leur entendement cette révélation sur la révélation.

qu'ont les hommes de développer les facultés humaines, que Jean-Jacques appelle perfectibilité; donc, sous tous les points de vue, c'est l'entendement humain qui distingue spécifiquement l'homme de la bête.

Cependant Jean-Jacques, insistant sur son systême de la perfectibilité, ne se borne pas à des sophismes pour assimiler la bête à l'homme; il va d'animal en animal, cherchant, non pas avec la lanterne de Diogène, des hommes véritables parmi ces espèces brutes.

33. « Il est bien démontré, dit-il (1), que le singe » n'est pas une variété de l'homme, non-seulement parce qu'il est privé de la faculté de » parler, mais sur-tout parce que son espèce n'a » point celle de se perfectionner, qui est le ca» ractère spécifique de l'espèce humaine; expé» riences qui ne paroissent pas avoir été faites » sur les pongos, les orangs-outangs, avec assez » de soin pour en tirer les mêmes conclusions. Il » y auroit pourtant un moyen par lequel, si » l'orang-outang, ou d'autres, étoient de l'es» pèce humaine, les observateurs les plus gros» siers pourroient s'en assurer, même avec dé» monstration; mais outre qu'une seule généra» tion ne suffiroit pas pour cette expérience, elle » doit passer pour impraticable, parce qu'il fau» droit que ce qui n'est qu'une supposition fût » démontré vrai, avant que l'épreuve qui devroit » constater le fait, pût être tentée innocemment ».

A qui Jean-Jacques persuadera-t-il que lui même ait pu innocemment mettre sous les yeux des hommes de semblables idées? Dira-t-on que puis-

---

(1) Note 8, page 129.

qu'il condamne lui-même l'expérience qu'il sous-entend, il est bien éloigné d'en vouloir donner l'idée? Mais d'abord, pourquoi donc en parle-t-il? En second lieu, de quelle manière la condamne-t-il? Je ne vois, dans cette prétendue condamnation, que les apparences perfides d'un blâme équivoque et enveloppé. S'il dit qu'*il faudroit que ce qui n'est qu'une supposition fût démontré vrai, avant que l'épreuve qui devroit constater le fait, pût être tentée innocemment*; on le voit, en même tems, faire tout ce qu'il peut pour persuader que cette supposition est un fait qui ne peut être révoqué en doute. D'abord, quel lieu reste-t-il de douter que l'orang-outang soit, comme le dit Jean-Jacques, un homme primitif, s'il est vrai que l'homme ne fut primitivement lui-même qu'un orang-outang?

Ne va-t-il pas ensuite jusqu'à se répandre en injures contre les voyageurs, assez ignorans, selon lui, pour méconnoître, dans ces animaux, des hommes véritables, tandis que les anciens, dit-il, en faisoient des divinités, sous le nom de Satyres et de Faunes?

« Ce seroit, ajoute-t-il, une grande simplicité de s'en rapporter là-dessus à des voyageurs grossiers, sur lesquels on seroit tenté quelquefois de faire la même question qu'ils se mêlent de résoudre sur d'autres animaux (1).

(1) Et quels sont ces hommes grossiers qu'on pourroit prendre pour des bêtes eux-mêmes? Jean-Jacques nous le dit; ce sont des missionnaires, des négocians, et autres; de sorte que sa prévention contre ces voyageurs est précisément au même degré que sa prédilection en faveur des orangs-outangs. Il n'en coûte pas plus à cet ami des hommes de faire d'un homme une bête, que de faire d'une bête un homme.

« On trouve, dit-il encore dans la description de ces prétendus monstres, des conformités frappantes avec l'espèce humaine, et des » différences moindres que celles qu'on pourroit » assigner d'homme à homme. On ne voit pas, » continue-t-il, les raisons sur lesquelles ces » auteurs se fondent pour refuser aux animaux en » question le nom d'hommes sauvages; mais il » est aisé de conjecturer que c'est à cause de » leur stupidité, et aussi parce qu'ils ne parlent » pas; raisons foibles pour ceux qui savent que, » quoique l'organe de la parole soit naturel à » l'homme, la parole elle-même ne lui est pourtant pas naturelle, et qui connoissent jusqu'à » quel point la perfectibilité peut avoir élevé » l'homme civil au dessus de son état originel ».

Or, s'il est si certain, aux yeux de Jean-Jacques, que l'orang-outang est de l'espèce humaine, que c'est l'homme primitif, que les hommes n'étoient eux-mêmes primitivement que des orangs-outangs, qu'encore aujourd'hui non seulement il existe entre l'orang-outang et l'homme des conformités frappantes, mais qu'il y a même entre l'homme et l'orang-outang des différences moins grandes qu'entre les hommes eux-mêmes, l'expérience, qu'il regarde comme innocente avec cette certitude, eût donc été innocente à ses yeux et aux yeux de tous ceux à qui il fût venu à bout de persuader la même opinion comme chose certaine, déduite du système animal, en un mot, si évidente, qu'il n'y a que des hommes grossiers, et qu'on seroit tenté de prendre pour des bêtes eux-mêmes, qui puissent refuser à ces animaux la qualité d'hommes sauvages; de sorte que le blâme que Jean-Jacques a l'air d'appliquer d'abord à l'expérience dont il présente l'idée, ne tombe plus en définitif que sur ces hommes assez grossiers pour se refuser à l'évidence du fait, qui, selon Jean-Jacques, rend cette expérience innocente.

34. Mais il y a plus ; je veux que le fait allégué par Jean-Jacques soit constant, je veux qu'il soit démontré que les orangs-outangs et l'homme n'ont qu'une même origine. Est-ce bien Jean-Jacques qui a cherché à persuader aux hommes que, dans ce cas, un acte tel que celui dont il donne l'idée, seroit innocent ? N'est-il pas évident, au contraire, que le crime, sans être moins horrible, n'en seroit que plus dangereux, plus fatal à l'humanité. La nature ne rétrograde pas ; ce principe est établi par Jean-Jacques lui-même en toute rencontre. La *coalition* de l'homme et de l'orang-outang, de l'homme élevé par la nature au dessus de la condition de la bête, et de l'homme laissé par la nature dans la condition de la bête, seroit donc un acte contre nature ; ce qui pourroit en provenir ne seroit que des monstres, et des monstres d'autant plus dangereux, qu'ils tiendroient plus de l'homme et de la bête.

Cet acte, si innocent selon Jean-Jacques, seroit donc le plus grand des crimes contre l'humanité, puisqu'il multiplieroit les monstres ; et le plus grand des crimes contre la nature, puisqu'il mêleroit le sang des hommes avec celui de la bête, que la nature auroit mis tant de siècles à distinguer, selon le système que Jean-Jacques présente, soit en place, soit en interprétation du dogme de la création.

Ainsi Jean-Jacques, apôtre de la nature,

outrage autant la nature que Jean-Jacques philosophe chrétien, ou même simple déiste, outrage le créateur, soit que l'intervalle qui sépare l'homme de l'orang-outang, ait été établi par l'Etre suprême dans l'ordre de la création, soit que cette différence soit purement l'ouvrage de la nature et l'effet de ses développemens successifs.

Quant à la morale, ne faut-il pas en oublier jusqu'au nom? Est-il quelque vice ou débauche qui puisse encore blesser les mœurs, si l'acte dont ce prétendu moraliste offre ici l'idée, n'est qu'un acte purement innocent?

Qu'Aristote et d'autres aient cru que l'homme fut, dans le principe, un orang-outang, une bête, cela n'a rien qui étonne; et certes, la corruption, la bassesse, la stupidité de la *majorité* des hommes, dont Jean-Jacques rend lui-même de si fréquens témoignages, suffiroient pour fortifier les observations que les naturalistes pourroient déduire, à cet égard, du système animal: mais ni Aristote, sous le prétexte d'une origine commune entre l'homme et la bête, ni Pytagore, sous le prétexte de sa métempsycose, qui établissoit plus de rapports encore entre l'homme et la bête, ni Epicure et ses disciples, qui furent un tems si décriés qu'on les appeloit pourceaux, ni aucun autre enfin, ont-ils prétendu que le but ou l'effet de leurs recherches sur l'origine de l'homme, fût de rendre innocent le crime de la bestialité; et n'est-ce pas indépendamment de toute question sur cette origine, prétendue commune, que tous les peuples ont proscrit avec tant d'horreur ce crime, cet acte si innocent selon la morale de Jean-Jacques?

« Il

Au reste, ce stratagême si singulier que Jean-Jacques propose, pour ajouter, en dépit de la nature, une nouvelle branche à l'espèce humaine, ne fait pas plus d'honneur au génie et à la raison de notre philosophe, qu'à sa morale. Si l'homme n'étoit qu'un animal, l'on pourroit faire entre lui et l'orang-outang, ou autres, l'expérience que l'on fait entre les animaux qui paroissent avoir de l'analogie dans la conformation; et, dans ce cas, le naturaliste Jean-Jacques auroit, au moins, le mérite d'avoir, à cet égard, élevé ses idées à la hauteur de celles des Muletiers et autres naturalistes de cet ordre. Mais l'homme n'est pas seulement un animal; il réunit bien à son être le règne animal, comme l'animal réunit le règne végétal, comme le végétal réunit le minéral, et le minéral enfin les quatre élémens qui entrent dans la composition de tous les corps; mais au dessus des règnes physiques il y a le règne intellectuel. L'homme est distingué par sa participation à ce règne: or le simple bon sens nous dit que le règne intellectuel ne peut pas se déterminer dans un être quelconque par des expériences qui n'appartiennent qu'au règne animal. Si donc le véritable esprit philosophique, toujours d'accord avec la saine morale, rejette la proposition de Jean-Jacques comme horrible, la simple raison la repousse comme extravagante (1).

(1) On regarde comme extravagante la recherche de la pierre philosophale, dans laquelle il s'agit de faire de l'or avec d'autres métaux. Comment doit-on donc regarder l'idée de chercher à faire des hommes avec des singes. Si l'on trouvoit l'art de faire des hommes avec des singes, ou autres animaux (car Jean-Jacques n'en

C'est, à vrai dire, une particularité remarquable, que tout ce qui pouvoit tendre à rabaisser l'homme au niveau de la brute, fût, aux yeux de l'oracle du siècle, innocent ou recommandable, comme de mettre des ais sur les tempes, pour assurer aux hommes une partie de leur imbécillité; d'anéantir les sociétés civiles, pour retourner dans les bois se confondre avec l'animal; enfin de frayer avec les orangs-ouangs ou autres animaux, pour achever de bestialiser l'espèce humaine : tandis que, d'un autre côté, tout ce qui ennoblit l'homme, tout ce qui l'élève au dessus de la brute, n'est propre, selon ce même moraliste, qu'à inspirer l'aversion et l'horreur.

La réflexion est contre nature; l'homme qui médite est un animal dépravé; la raison étouffe la nature et détruit les règles du droit naturel; enfin, jusqu'à la perfectibilité établie par Jean-Jacques même, comme la faculté distinctive de l'homme, est, selon lui, la cause de tous ses maux. Rapportons à ce sujet ses propres termes.

35. « Il seroit triste pour nous, dit-il (page 33), » de convenir que cette faculté distinctive et *pres-* » *que illimitée* (1) est la source de tous les malheurs

---

exclut aucun), on devroit trouver, à plus forte raison, l'art de faire des animaux avec des végétaux ou minéraux, avec des pierres. Il ne manquoit plus à notre nouveau Deucalion, pour multiplier l'espèce humaine, qu'une nouvelle pierre; & c'est parmi les singes qu'il la cherchoit pour la gloire et le bonheur de l'humanité.

(1) Dès que la faculté que Jean-Jacques appelle *perfectibilité*, est limitée, elle n'est point perfectibilité; *perfectibilité limitée* sont deux mots qui impliquent contradiction. L'homme a la faculté de faire des progrès, personne n'en doute; mais la faculté de faire des progrès n'est pas la perfectibilité. Le *presque illimitée* de Jean-

» de l'homme ; que c'est elle qui l'a tiré, à force » de tems, de cette condition originaire, dans » laquelle il couleroit des jours tranquilles et » innocens ».

C'étoit Dieu, ensuite la raison ; actuellement c'est la perfectibilité qui, à force de tems, a tiré l'homme de l'état de nature pour faire son malheur. Que d'extravagances accumulées, mais sur-tout quelles affreuses conséquences Jean-Jacques en déduit, quand il dit à l'homme : Renonce à ta raison, anéantis les sociétés ; retourne vivre avec la brute ; unis-toi, confonds-toi avec elle, et, s'il se peut, redeviens brute toi-même ; c'est le seul moyen de recouvrer ton bonheur originel ! Nouveau serpent, quelle pomme osa-t-il présenter, et quels êtres parent s'en laisser séduire ! Le premier tentateur, pour séduire l'homme, l'élevoit ; celui-ci ne sçait que le ravaler. L'un, dans la naissance du monde, disoit à l'homme : Rends-toi égal à Dieu ; l'autre, n'envisageant l'espèce que dans la décrépitude ou la démence, dit à l'homme : Borne toi à être l'égal de la brute. Voilà à quoi se réduisent les principes d'égalité de cet ami des hommes, de cet être que l'on veut donner comme le plus profond des philosophes. C'est calomnier la philosophie. Prouvons qu'il fut antiphilosophe autant qu'antichrétien.

36. Si Jean-Jacques considère l'homme comme ayant existé de tout tems sous la forme où on le voit ; s'il le reconnoît comme la créature d'un Dieu, il en résulte, puisqu'il est doué de l'en-

---

Jacques prouve qu'il le reconnoissoit bien lui-même, et qu'il n'a fait ici, comme en tant d'autres rencontres, que se jouer de son lecteur.

tendement, de la faculté de concevoir l'auteur de son être,

Premièrement, qu'il ne peut être question de disputer sur la qualité distinctive de l'homme & de la brute.

Secondement, que la destination naturelle de l'homme est de s'élever vers l'intelligence, & non de tendre vers l'état d'abrutissement.

Ceci n'a pas besoin de développemens, et nous n'ajouterons rien, à cet égard, à ce que nous avons dit ci-dessus.

Si Jean-Jacques prétend que l'homme n'est pas sorti des mains de la nature sous la forme où on le voit, et que le premier embryon de l'espèce humaine ne se trouveroit que dans l'animal, qui lui-même auroit l'atome pour élément; cette autre profession de foi, qui appartient à la dernière classe des philosophes, c'est-à-dire, à la classe des matérialistes, nous donneroit pourtant encore les deux mêmes résultats que la précédente. Donc Jean-Jacques, se fondant sur des principes contraires, est anti-philosophe.

37. Je dis, premièrement, qu'il ne peut pas plus être question de disputer sur la qualité distinctive de l'homme et de la brute dans le système des philosophes, que selon le dogme de la religion; car il faudroit également disputer sur la qualité distinctive de la brute, du végétal, et de leur source prétendue commune, l'atome; ce qui seroit tendre à confondre toutes les notions des hommes, loin d'y répandre un jour nouveau. Quelle que soit en effet l'origine des êtres, quelle que soit aussi la chaîne qui les lie, chaque espèce a nécessairement sa qualité ou propriété spécifique; autrement il n'y auroit qu'une seule espèce d'êtres.

Or, de même que la propriété spécifique de l'atome est le mouvement, l'action (1), celle du corps la végétation (2), celle des animaux l'instinct, le sentiment de l'existence ; de même celle de l'homme est, ainsi que nous l'avons fait voir, l'entendement, la raison qui lui fait concevoir son auteur. Donnez à l'animal la connoissance de l'auteur de son être, et je dis qu'il est homme. Je ne regarde point quelle forme il a, ni s'il sçait prédire des éclipses, s'il sçait fendre les flots sur un esquif, ou les airs dans une mongolfière ; avoir la faculté de concevoir l'auteur de son être, je le répète, c'est être homme.

38. Je dis plus ; la preuve de cette distinction spécifique de l'homme se trouve dans le systême

(1) L'atome, tel que nous le concevons, est le moindre des êtres, ou plutôt la différence du néant à l'être ; c'est un infiniment petit, indivisible, sans parties et sans aucun poids ; par conséquent il ne peut être fixe ; sa propriété est le mouvement, l'action.

(2) Nous ne supposerons pas les corps formés par le rapprochement des atomes, ainsi que le prétendent les philosophes atomistes, et ce qui est absurde et destructif de leur systême même, selon lequel l'atome, loin d'avoir des parties crochues, est sans parties. Mais quoiqu'aucun philosophe n'ait encore expliqué, ni qu'on puisse, sans doute, jamais expliquer la formation des corps par les atomes, nous pouvons cependant regarder avec les philosophes atomistes, les corps comme composés d'atomes, en ce que, s'il étoit possible de décomposer les corps en infiniment petits, ces infiniment petits seroient ce que nous concevons sous le nom d'atomes. La raison nous permettant donc de regarder les corps comme composés d'atomes, et la propriété des atomes étant le mouvement, l'action, la propriété des corps sera la végétation sensible ou insensible, suite nécessaire du mouvement, de l'action propre aux atomes dont ils sont composés.

des atomes même. Ceci demande quelques développemens.

Reconnoissons, avant tout, avec les philosophes, que l'atome n'est pas le principe de lui-même. Le principe de soi-même seroit l'intelligence même; seroit Dieu; idée qui implique contradiction avec celle que les atomistes nous donnent de l'atome, qui n'est qu'un infiniment petit, que la différence du néant à l'être. L'atome ne pouvant être le principe de lui-même, quel est donc le principe de l'atome? Voilà où se perdent les atomistes, et cela parce qu'ils ne procèdent pas de bonne foi, et qu'ils cherchent bien moins à connoître la vérité, qu'à dégager de leur esprit l'idée d'un Dieu. Mais telle est la force de cette propriété distinctive de l'homme, de tendre à la connoissance de l'auteur de son être, que, lorsqu'aveuglé par les passsions, il cherche à se détourner de l'idée d'un créateur, les efforts mêmes qu'il fait pour y parvenir, les systêmes qu'il bâtit pour écarter cette idée, l'y ramènent, si bien que pour persister à s'en détourner, il est obligé de tomber en contradiction avec lui-même, de se mentir à lui-même.

C'est ainsi que les philosophes atomistes, voulant expliquer la formation des êtres par les atomes, perdent le fil de leur propre systême: ce n'est plus alors d'après le systême des atomes qu'ils argumentent, c'est d'après des imaginations qui y sont pleinement opposées, comme lorsqu'ils donnent des parties crochues à ces atomes, qui pourtant n'ont point de parties et sont des infiniment petits, d'après leur propre définition. Mais laissant à l'écart ces prétendues parties crochues, comme n'étant pas du systême des atomes, puisqu'elles sont au contraire diamétralement opposées au principe fondamental de ce systême, suivons ce systême en lui-même, et voyons où il nous amène. Je prouve d'abord qu'il s'en faut de beaucoup qu'il choque en rien l'ordre & le dogme de la création.

59. En effet, puisque les atomes sont des infiniment petits, l'existence de ces corpuscules, antérieure à la formation des corps, ne répugne aucunement à l'ordre naturel de la création. La Genèse nous enseigne qu'avant la formation des corps célestes et terrestres, l'esprit de Dieu *se portoit sur les eaux*; par conséquent, aux termes de la Genèse elle-même, c'est la matière fluide qui a existé la première. Or sçavons-nous combien il y a de dégrés de fluidités et d'espèces différentes de matières fluides? L'air est un fluide, et dans un bien plus haut dégré de ténuité, de fluidité, que l'eau; & de combien la substance atomique est-elle plus fluide encore et plus tenue que la substance aérienne elle-même! Que l'Ecriture ait parlé de l'eau comme étant le fluide le plus sensible aux yeux de notre corps, toujours est-il que la Genèse nous enseignant que la substance fluide a précédé la formation des corps, s'unit, loin d'être contraire en cela au systême des atomes, suivant lequel l'espace étoit, avant la formation des corps, rempli par la substance atomique, la substance la plus fluide et la plus tenue que l'esprit puisse concevoir.

Mais, dira-t-on, les corps ne se sont formés que par longs intervalles, selon le systême des atomes, et ils l'ont été en six jours, selon la Genèse.

A cela, je réponds que la longueur de ces

intervalles, très-indéterminée dans le système des atomes, l'est également dans la Genèse : la durée des six jours ou six intervalles de la Genèse n'est point connue ; elle ne peut même se rapporter à la durée de nos jours, car la durée de nos jours est déterminée par le cours du soleil, et le soleil ne fut formé que le quatrième jour de la création.

Mais enfin, dira-t-on, la Genèse enseigne que Dieu créa le monde de rien, et ne dit pas qu'il le forma avec des atomes. Comment donc accorder ensemble le système des atomes et l'Ecriture ?

Rappelons-nous d'abord ce que nous avons dit touchant la nature du système atomique. Nous avons vu que la substance atomique et fluide, dont les philosophes remplissent l'univers avant la formation des corps, n'est autre chose que la substance fluide dont la Genèse fait également mention avant la formation des corps célestes et terrestres.

Il suffit de faire un retour sur les bornes de l'esprit humain, sur la manière dont opère l'esprit humain, pour comprendre sans peine que les hommes qui ont voulu remonter à la formation des êtres, sans l'aide du dogme de la religion, livrés uniquement à leur conception, n'ont pu décomposer par la pensée l'univers ; que selon les bornes de cette conception, ils l'ont réduit en infiniment petits ; et il n'y a en effet que l'infiniment petit qui ne soit pas composé : l'Ecriture annonçant aux hommes l'histoire de la création, n'a pas besoin de recourir à cette division, d'ailleurs si insuffisante, puisqu'il reste toujours à sçavoir quel est le principe de ces atomes, de ces infiniment petits.

Ecoutons l'Ecriture : c'est l'intelligence qui est le principe de toute chose, qui est la pensée universelle, qui est l'être. Son verbe ou sa volonté, son esprit ou son action, éternels comme lui, remplissent l'univers, et ne sont qu'un avec lui. Tout ce qui a été fait, a été fait par lui, a été fait de lui. L'esprit, l'action de l'être infini se portant sur le fluide ou substance universelle produite par lui, en a formé les corps célestes et terrestres en six jours ou six intervalles. Voilà ce que nous enseigne l'Ecriture.

Il est donc à remarquer d'abord, que quand l'Ecriture dit que l'esprit de Dieu étoit porté sur le fluide (1), ce passage annonce bien le moment fixé par l'Etre universel pour la transformation de la matière fluide ; car l'esprit de Dieu, qui est dit dans l'Ecriture être toujours par-tout, gouverner tout, ne peut pas, dans la même Ecriture, être dit plus particulièrement porté à une époque sur les eaux, sans que cela exprime quelque chose de plus, sans que ce soit ici pour les *féconder* ; et sans doute si la vrai signification des termes hébraïques, au tems de Moise, nous étoit mieux connue, elle justifieroit ce sens plus encore que l'expression latine, qui toutefois, comme nous venons de le voir, le justifie assez clairement. Je dis plus, les Hébreux eux-mêmes n'entendoient pas le sens purement métaphysique des termes de l'Ecriture. Les Hébreux, par exemple, sçavoient-ils, non plus que nous, la vraie signification du mot *création* ? Cela ne peut-être ; l'entendement de l'homme est trop borné. L'on conçoit, au reste,

---

(1) *Et ferebatur spiritus Dei super aquas.*

que ce mot ne peut pas signifier, comme quelques-uns le croient, le résultat de l'action première de Dieu; car nous ne datons la création que de six mille ans, et nous ne pouvons pas supposer Dieu sans aucune action avant cette époque, ni que l'action de Dieu tombât dans le néant, ni qu'elle fût confuse ou manquant de liaison. Or le propre de l'Etre universel étant de n'être point sans action, le propre de son action étant de ne pouvoir tomber dans le néant ni dans la confusion, il en résulte une progression d'action; et c'est le résultat de cette progression, de cet accroissement d'action, que j'appellerai création; et je dirai que Dieu est toujours créant, sans appréhender que l'on m'oppose l'Ecriture : car, loin qu'elle nous oblige de croire que la création, dont elle fait le récit, comprenne toutes les œuvres de Dieu, le contraire résulte formellement de l'Ecriture même, puisqu'elle nous parle d'Anges, de Démons, et d'autres êtres spirituels, qui n'entrent point dans l'histoire de la création, et que même, à l'égard de la matière, cette histoire ne commence qu'après la formation de la substance fluide ou aquatique.

Remarquons, en second lieu, que l'Ecriture distingue deux phases dans les opérations ou actions de l'Etre : la première, qu'elle appelle généralement l'action de l'être, est éternelle comme lui, et l'on ne peut, ainsi que nous l'avons observé, supposer l'Etre universel sans action, ni supposer le néant dans l'action de l'Etre universel; la seconde, qu'elle appelle proprement création, est la formation des corps célestes et terrestres. L'Ecriture n'enseigne pas que ces corps ont été faits de rien, puisqu'au contraire elle établit la substance fluide universelle déjà existante. Si l'Ecriture dit que l'univers a été fait de rien, ces paroles ne peuvent donc se rapporter qu'à la substance première, la seule universelle; et elles sont très-clairement expliquées par ces autres paroles: *Omnia per ipsum facta sunt, et sine ipso factum est nihil.* Cette double expression, qu'il ne faut pas regarder comme un simple hébraïsme, renferme deux dogmes très-distincts. Non seulement tout ce qui existe a été fait par Dieu, mais rien n'a été fait que de Dieu même : *Et sine ipso factum est nihil*; ce qui nous explique parfaitement comment on doit entendre ce dogme, qui enseigne que Dieu a fait tout de rien, puisqu'elles expriment nettement que tout ce qui existe est l'action propre de Dieu : *Omnia per ipsum facta sunt*; et l'émanation de Dieu même : *Et sine ipso factum est nihil.*

En effet, l'on ne peut concevoir l'existence simple ; car l'existence ne se peut concevoir sans action, ni l'action sans la passion : il ne peut y avoir un être agissant, sans qu'il y ait sur quoi il agisse. Or, dès que l'on conçoit un Etre universel, il faut de toute nécessité concevoir en lui cette double existence. Il ne peut agir sur un autre être, puisqu'il est l'Etre universel ; on ne peut donc le concevoir qu'agissant sur lui-même, comme l'enseigne l'Ecriture.

Rapprochons actuellement le système des atomes, de cette doctrine.

Le système des atomes nous présente la substance la plus subtile, la plus active que l'esprit puisse concevoir, la substance atomique ;

le dogme nous présente la substance la plus subtile et la plus active que l'on puisse concevoir, l'action, l'émanation de l'Etre universel. Selon le système des atomes, tous les corps ont été formés de cette substance universelle; selon le dogme, tous les corps ont été formés de cette substance universelle : elle est fluide selon le dogme, elle est fluide selon la conséquence naturelle et physique du systême atomique, comme nous l'avons précédemment observé (1).

Mais le systême atomique purement physique ne considère cette substance que sous le rapport physique, par conséquent sans son principe, et par conséquent le but est manqué ; au lieu que le dogme la considère avec son principe, c'est-à-dire, sous le rapport physique et métaphysique (2).

---

(1) Nous avons déjà observé que la propriété des atomes étant, selon le systême philosophique, le mouvement, l'action, puisqu'ils sont des infiniment petits, et ces infiniment petits étant nécessairement rapprochés, puisque ce systême en fait la matière première qui remplissoit l'univers, cette substance offre par conséquent l'idée d'une substance dilatée à l'infini et fluide à l'excès. La conséquence est physique. Or quand on voit les philosophes atomistes ne pas appercevoir dans leur propre systême cette substance fluide, et qu'ils vont chercher, pour la ruénion de leurs atomes, ce que l'esprit peut concevoir de plus absurde, et à la fois de plus contraire à leur systême, sçavoir, les parties crochues d'atomes qui n'ont point de parties, l'on ne peut assez admirer dans qu'elle déplorable stupidité tombe l'esprit de l'homme, quand il est assez révolté contre l'idée d'un Créateur, pour chercher la source de son être dans la pure matière.

(2) Je définis la métaphysique, la science des causes, et la physique, la science des effets. Il n'y a point proprement de physique sans métaphysique, ni de métaphysique sans physique.

De tout ce que nous venons de dire, il résulte que le systême des atomes ne contrarie point le dogme; car pour ce qui est des prétendues parties crochues dont la *stupidité* ou la mauvaise foi des atomistes a surchargé le systême des atomes, il est évident que ces parties crochues étant physiquement contraires au principe fondamental de ce systême, qui est que les atomes sont des infiniment petits, par conséquent sans partie aucune, l'on ne peut pas plus mettre sur le compte du systême des atomes les rêveries de ces sectaires atomistes, qui ont imaginé des choses contraires à l'essence de ce systême, que l'on ne peut mettre sur le compte de la religion les erreurs des sectaires religieux, qui prêchent le contraire de ce que la Religion enseigne.

Or, puisque des sçavans illustres, des hommes qualifiés du nom de philosophes, n'ont pu, même avec leurs atomes, composer un systême qui fût propre à suppléer dans l'entendement humain l'idée d'un principe intellectuel, d'un Etre créateur, ni, malgré leur *démocratie* atomique, abolir la *monarchie* de l'univers, et que, bien loin de cela, ce systême, inventé par eux-mêmes, ne se trouve contraire en rien à l'ordre de la création, et les mène ainsi jusqu'au point métaphysique, jusqu'au point où ils ne peuvent plus méconnoître pour auteur de l'ordre physique un être intellectuel, sans aller contre l'essence de leur propre systême, et sans porter le déraisonnement jusqu'à la stupidité, il est donc vrai de dire que le systême des atomes, en dépit de l'esprit de matérialisme, auquel il doit la naissance, fournit une nouvelle preuve de l'aptitude caractéristique de l'homme, de remonter et se relier à l'auteur de son être; faculté tellement distinctive de l'esprit humain, que ce n'est qu'en dérogeant en quelque sorte à l'intellect humain, en se retrouvant près de la brute par l'éclipse de la raison, que des hommes, d'ailleurs très-doctes, ont tenté de s'étourdir sur l'existence d'un principe intellectuel de tous les êtres.

J'ai donné, je crois, toute la *latitude* possible au système que Jean-Jacques a paru adopter touchant l'origine commune de l'homme et de la brute, et l'on voit que, dans ce système même, l'on ne peut pas plus disputer sur la qualité distinctive de l'homme et de la brute, que selon le dogme de la religion.

40. Il me reste à prouver le second point, sçavoir, que, selon la philosophie, comme selon la religion, la destination naturelle de l'homme est de s'élever par l'intelligence, et non de se ravaler par l'abrutissement.

La destination naturelle de l'homme n'est certainement pas de rester dans l'état primitif, et encore moins d'y revenir, quoi qu'en dise Rousseau; c'est au contraire de suivre la marche de la nature et ses développemens. Or, loin que l'on puisse, dans le système des atomes et dans celui de la prétendue perfectibilité de Jean-Jacques, se méprendre aucunement sur la marche de la nature, les progrès que l'espèce humaine auroit déjà faits par suite de cette perfectibilité, indiqueroient et seroient garans de ceux que l'espèce pourroit faire encore par suite de cette même perfectibilité. Cette qualité supérieure dominant nécessairement toutes les autres, l'espèce qui, par l'effet de cette qualité perfectible, seroit devenue d'atome animal et d'animal homme, ne pourroit redevenir animal et puis atome; il faudroit au contraire que la progression produite par cette perfectibilité se continuant, l'homme parvînt par la perfectibilité à la spiritualisation.

Donc, suivant les systêmes philosophiques, comme suivant la religion, la destination de l'homme, loin d'être de se rapprocher de l'état de la brute, est au contraire de s'accroître en sagesse et en raison : donc Jean-Jacques n'a pu méconnoître le rang qui est assigné à l'homme dans l'ordre des êtres. & sa destination, sans être infidèle à la philosophie autant qu'à la religion même, sans être, ainsi que nous l'avons avancé, antiphilosophe autant qu'antichrétien.

Pour antichrétien, soit! mais antiphilosophe, Jean-Jacques? Comment, me dira-t-on, persuader cela à nos sages, à ses sectateurs?

Ses sectateurs! Je nie qu'il en ait un seul. Pour avoir des sectateurs, il faudroit qu'il eût sçu au moins établir un systême quelconque, fixe et déterminé; or jamais personne n'a moins approché de ce but, que Rousseau. Entamant cent systêmes divers, il s'échappe ou se perd, ou se contredit sans cesse; et l'on ne peut se trouver d'accord avec lui sur aucun point, que par-là même on ne lui soit contraire sur quantité d'autres. Il ne peut donc avoir de sectateurs.

Je dis plus; il ne peut avoir de véritables partisans. Je sçais que dans le délire des passions, ainsi que dans le trouble des factions, tout homme trouvant dans les écrits de Rousseau des armes à sa guise, s'en saisit avec empressement, charmé de pouvoir s'étayer du grand nom de

Rousseau; et si la république se trouvoit divisée en trente factions opposées, vous les verriez toutes s'armer d'un Rousseau; que si même il étoit question d'élever à ce grand homme une statue, tous les partis, d'accord sur ce point seulement, se feroient (tel seroit leur prestige) un égal devoir d'y donner leur suffrage, d'y contribuer, d'offrir tous leur présent à cette nouvelle Pandore : mais ces prétendus partisans, combattant tous dans leurs adversaires les principes de Rousseau, combattent donc Rousseau lui-même; donc Rousseau n'a pas de vrais partisans. S'il arma toutes les passions pour combattre la raison, les passions, de leur côté, se combattant elles-mêmes, doivent à la fin laisser triompher la raison. Mais revenons à la discussion de son ouvrage. Les absurdités, les contradictions que nous avons encore à y voir, vont nous prouver de plus en plus à quel point ce prétendu père de la philosophie fut antiphilosophe

Après la perfectibilité où nous sommes restés, source, selon Rousseau, de tous les malheurs de l'homme, viennent (page 34) les louanges qu'il donne à l'habitant des rives de l'Orenoque, sur l'usage dont nous avons déjà parlé, « de ces » ais qu'il appliquoit sur les tempes de ses en» fans, afin de leur conserver au moins une par» tie de leur imbécillité pour leur bonheur ».

Par exemple, l'on conviendra que si ce que dit ici Rousseau, peut être pris pour de la philosophie, c'est tout au plus sur les rives de l'Orenoque, mais que, parmi nous, il ne se peut rien de plus antiphilosophique.

Au

Jean-Jacques, combattant la raison de plus en plus, multipliant ses attaques sous mille formes différentes, raisonnant éternellement pour nous persuader de renoncer à la raison, poursuit en ces termes :

41. » L'homme sauvage, dit-il (1), livré par la » Nature au seul instinct, ou plutôt dédommagé » de celui qui lui manque, peut-être, par des a- » cultés capables d'y suppléer d'abord, et de l'é- » lever ensuite fort au dessus de celle-là, com- » mencera donc par des fonctions purement ani- » males «.

L'homme est livré par la Nature au seul instinct, ou plutot l'homme manque d'instinct peut être ; voilà qui implique contradiction : l'homme, dédommagé de l'instinct qui lui manque, peut-être, par des facultés fort au dessus de celle-là, commencera donc par des fonctions purement animales : voilà une inconséquence palpable ; et par dessus cela, n'est-il pas évident qu'il n'est pas plus possible d'établir que l'homme, en aucun temps, commence par des fonctions purement animales, qu'il n'est possible d'établir que l'homme, en aucun temps, soit un être purement animal ?

42. » Les seuls biens que l'homme sauvage con-

---

(1) Page 34.

F

» noisse dans l'univers, poursuit Jean-Jacques,
» sont la nourriture, une femelle, et le repos;
» les seuls maux qu'il craigne, sont la dou-
» leur et la faim «.

Certainement les sensations de la bête ne sont pas aussi bornées que le seroient celles de l'homme naturel, selon ce que dit ici Rousseau; elle a d'autres désirs, d'autres craintes, d'autres joies, d'autres chagrins, d'autres attachemens, d'autres aversions, en un mot d'autres sensations ou affections en bien et en mal, que celles dont parle Rousseau. Ainsi ce n'est pas assez pour Rousseau d'avoir abaissé l'homme au niveau de la bête; il ne peut même le laisser en pleine possession de cette *égalité*.

» Je dis la douleur, continue Jean-Jacques (1),
» et non la mort, car jamais l'animal ne sçaura
» ce que c'est que mourir; et la connoissance
» de la mort et de ses terreurs, est une des
» premières acquisitions que l'homme ait faites
» en s'éloignant de la condition animale «.

Jean-Jacques nous dit ailleurs que beaucoup d'animaux ne passent pas devant un animal mort de leur espèce, sans donner des signes sensibles de terreur; que plusieurs mêmes leur donnent une espèce de sépulture. Ailleurs encore il nous

(1) Page 36.

dit que plus l'homme cultive la raison, et par-conséquent s'éloigne de la condition animale, plus il s'élève au dessus des vaines terreurs de la mort. Donc les vaines terreurs de la mort ne sont pas des acquisitions que l'homme ait faites en s'éloignant de la condition animale.

Passons aux conjectures de Jean-Jacques touchant les Langues formées par les hommes. Ayant cultivé par dessus toute chose l'art de parler, il dut être en état de répandre de nouvelles lumières sur cette matière importante.

Parmi les difficultés que ce grand Naturaliste prétend que l'homme a éprouvé pour sortir, à force de temps, de l'état de nature, il s'arrête principalement sur l'origine des Langues.

41. La première difficulté qui se présente, dit-il (1), » est d'imaginer comment les Langues » purent devenir nécessaires; car les hommes » n'ayant nulle correspondance entre eux, aucun » besoin d'en avoir, on ne conçoit ni la néces- » sité de cette invention, ni sa possibilité, si elle » ne fut pas indispensable «.

Comment Jean-Jacques concevoit-il que les hommes étoient sans correspondance entre eux et sans aucun besoin d'en avoir? C'est, nous a-t-il dit, qu'ils vivoient épars dans les bois avec

(1) Page 46.

les animaux. Ainsi pour trouver de la difficulté à concevoir la formation des Langues, Jean-Jacques conçoit la chose la plus inconcevable, la plus grande des absurdités : il conçoit que les hommes, dans l'état de nature, ne correspondoient qu'avec les animaux, et non pas entre eux ; qu'ils n'avoient pas même la sociabilité, l'instinct des autres animaux, qui tous correspondent avec les animaux de leur espèce, plutôt qu'avec ceux de toute autre espèce. Mais enfin cette assertion, où tant de bizarrerie se joint à tant d'absurdité, cette assertion, démentie mille fois par Rousseau lui-même, ne revient en rien à la question dont il s'agit ici ; personne n'est tenté de placer la formation des Langues à une époque où les hommes n'auroient eu aucune correspondance entre eux. Aussi Jean-Jacques cherche-t-il à former une autre objection ; mais elle n'est pas moins absurde.

44. » Supposons, dit-il (1), cette première difficulté vaincue, franchissons pour un moment » l'espace immense qui dut se trouver entre le » pur état de nature et le besoin des Langues, et » cherchons, en les supposant nécessaires, comment elles purent commencer à s'établir : » nouvelle difficulté, pire encore que la précédente ; car si les hommes ont eu besoin de » la parole pour apprendre à penser, ils ont eu

(1) Page 49.

» plus besoin encore de sçavoir penser pour
» trouver l'art de la parole «.

Est-il quelqu'un qui ne sçache que penser n'est pas une science qui s'apprenne, mais une faculté que l'ame exerce ? C'est en exerçant cette faculté de penser, qu'elle s'étend et se développe. Comment Jean-Jacques pouvoit-il concevoir que la parole, qui n'est que l'action du corps, soit nécessaire à la formation de la pensée, qui est l'action de l'ame ? Si la parole étoit nécessaire à la formation de la pensée, comme la pensée l'est à l'invention de l'art de parler, il en résulteroit que l'homme n'auroit jamais sçu ni penser ni parler ; il en résulteroit que le muet, puisqu'il ne parle pas, ne doit pas non plus penser.

» Quand on comprendroit, poursuit Jean-
» Jacques (1), comment les sons de la voix ont
» été pris pour les interprètes conventionnels de
» nos idées, il resteroit toujours à sçavoir quels
» ont pu être les interprètes même de cette con-
» vention pour les idées, qui, n'ayant point un
» objet sensible, ne pouvoient s'indiquer ni par
» le geste, ni par la voix ; de sorte qu'à peine
» peut-on former des conjectures supportables
» sur la naissance de cet art de communiquer
» ses pensées «.

---

(1) Page 49.

Ce que Jean-Jacques affecte de regarder comme si incroyable, est ce qui se répète tous les jours sous nos yeux : il s'étonne qu'un homme ait pu communiquer ses idées à un autre homme, et il ne s'étonne pas qu'une mère puisse communiquer les siennes à son enfant. Rétorquons à Rousseau son argument, et disons :

» Quand on comprendroit comment les sons » de la voix sont pris, à *l'égard de la mère et de » l'enfant*, pour les interprètes conventionnels de » leurs idées, il resteroit toujours à sçavoir quels » ont pu être les interprètes mêmes de cette » convention pour les idées, qui, n'ayant point » un objet sensible, ne peuvent s'indiquer ni » par le geste, ni par la voix «.

La question à l'égard de la mère et de l'enfant, est, comme on le voit, absolument la même que celle de Rousseau à l'égard de tous les hommes.

Or nous voyons tous les jours que des idées abstraites se communiquent entre la mère et l'enfant : comment Rousseau concevoit-il cette communication entre la mère et l'enfant, ou comment ne la concevoit-il pas entre des hommes faits ? Comment ne concevoit-il pas que cet art de communiquer ses pensées, est aussi nouveau entre la mère et l'enfant de nos jours, qu'entre notre première mère et son enfant ? que la naissance de cet art se renouvelle à chaque nourrisson ? que l'enfant parle un langage naturel, avant de commencer à parler dans le langage conventionnel, et que, pendant cette première époque de l'enfance, les langages qui se sont formés parmi les hommes, ne sont à l'enfant d'aucune utilité pour communiquer à sa mère ou nourrice ses idées, ni pour recevoir la communication des siennes ? qu'enfin il n'apprendroit jamais ces langages conventionnels, si ce n'étoit à l'aide du langage naturel, inhérent à son entendement, et dont la voix et le geste sont les signes et interprètes.

Jean-Jacques, pour prévenir les puissantes objections, que l'exemple de la mère et de l'enfant fournit contre son scepticisme affecté, fait le raisonnement suivant : » Dire que la mère dicte » à l'enfant les mots dont il devra se servir pour » lui demander telle ou telle chose, cela montre » bien comme on enseigne les Langues déjà for» mées, mais cela n'apprend pas comment elles » se forment (1) «.

C'est tout le contraire de ce que dit ici Jean-Jacques : dire que la mère dicte des mots à l'enfant, ce n'est pas montrer comment on apprend les Langues déjà formées. On dicte des mots au perroquet, il les retient et les répète, et n'apprend pas pour cela des Langues.

Peu importe que les mots que la mère dicte

(1) Page 48.

à l'enfant appartiennent à une Langue déjà formée, ou à une Langue que la mère elle-même formeroit; il suffit que la mère puisse, à l'aide de divers signes et gestes, et de mille circonstances, faire rapporter ces mots aux besoins, aux désirs, à la curiosité, aux diverses affections et conceptions de l'enfant. Je dis plus, il n'est pas nécessaire que ce soit des mots ni des lettres qui soient employés pour parler et écrire, pour être les interprètes de la parole; témoins les mimes des Grecs et des Romains, le langage (1) des sourds et muets de M. l'Abbé de l'Epée; témoins aussi, au sujet de l'écriture, les caractères hiéroglyphiques des Egyptiens, les nœuds et les tresses des Péruviens, etc. Enfin que ce soit des mots, ou de simples accens, ou des signes que l'on emploie pour se faire entendre, ce ne sont toujours que des signes de la parole, et non pas la parole même: la parole ne s'apprend pas; et c'est parce que nous y participons naturellement, que nous parvenons à apprendre les signes institués pour l'exprimer: c'est aussi parce que l'animal ne la possède pas, qu'il ne peut com-

---

(1) Le mot langage étant inapplicable aux muets, qui ne se servent pas de la langue pour parler, il eût fallu, pour m'exprimer avec exactitude, me servir du mot verbiage, qui est, relativement au mot propre *verbe*, ce que langage est relativement au mot figuré *langue*: mais comme, par la corruption de nos Langues, le mot verbiage n'est plus pris qu'en mauvaise part, je n'eus pas été entendu: il a donc fallu que je sacrifiasse l'expression à l'usage. La même observation est applicable à plusieurs autres rencontres, que tout Lecteur attentif sçaura distinguer.

prendre nos signes institués. L'aptitude des hommes à apprendre des Langues toutes formées, suffiroit donc pour démontrer l'aptitude du genre humain à former des Langues.

Je ne sçais encore quel peut être cet Emile si vanté comme un des chefs-d'œuvres de Jean-Jacques; mais pour peu que cet Ouvrage soit digne de sa réputation, l'on doit y trouver la réfutation complette de ce que dit ici Jean-Jacques, sur l'origine des Langues et sur la manière de les apprendre. En effet, comment l'Emile peut-il être regardé comme élève de la Nature, si l'Instituteur n'a pas pu, ainsi qu'il l'assure, observer ni concevoir seulement les premiers développemens de la Nature et de l'intellect chez l'enfant? Combien de pères cependant, et sur-tout de mères ont voulu faire des *Emiles*? Qu'ils viennent donc ces Emiles, dont la France est inondée, qu'ils viennent justifier Rousseau et ses principes, accorder le Rousseau de l'Emile et le Rousseau du Traité de l'Inégalité; le Rousseau qui voulut élever les enfans des hommes, et le Rousseau qui livra ses propres enfans dans un Hôpital (1).

Nous allons voir Rousseau battant la campagne de plus en plus.

---

(1) Rousseau voulant se disculper d'avoir privé ses six enfans de leur place dans la maison paternelle, pour leur

45. » Le premier langage de l'homme, dit-il » (1), le langage le plus universel, le plus éner- » gique, et le seul dont il eut besoin avant qu'il » fallût persuader les hommes assemblés, est le » cri de la Nature; comme ce cri n'étoit ar- » raché que par une sorte d'intérêt, dans les occa- » sions pressantes, pour implorer du secours » dans les dangers, ou du soulagement dans les » maux violens, il n'étoit pas d'un grand secours » dans le cours ordinaire de la vie, où regnent » des sentimens plus modérés «.

Ne falloit-il pas que Jean-Jacques se laissât bien dominer par son humeur noire, pour ne distinguer, dans le cri, l'accent, le langage de la Nature, que le signe de la terreur, ou l'expression du tourment, et pour anéantir ainsi les sentimens naturels qui, dans tous les temps, mêlèrent quelques douceurs aux amertumes de la vie humaine? Le langage des singes eux-mêmes, et des

---

faire occuper dans un Hôpital la place de six malheureux, nous révèle dans ses Confessions, qu'un des motifs qui le déterminèrent jusqu'à six fois à ce double attentat contre la Nature et la Société, c'est la persuasion où il étoit que ses enfans recevroient une meilleure éducation à l'Hôpital, que celle qu'il pourroit leur donner : il ajoute même que ce qui pourroit leur arriver de plus heureux, c'étoit de ne l'avoir jamais connu : aveu remarquable de la part de cet Instituteur de la génération nouvelle.

(1) Page 50.

corneilles, auquel Jean-Jacques ailleurs assimile celui des hommes, n'est pas borné à ces signes de terreur, à cette expression du tourment; il leur est d'un grand secours dans le cours ordinaire de la vie.

En second lieu, comment accorder avec le sens commun la description que nous fait ici Jean-Jacques d'un langage qui n'étoit pas d'un grand secours à l'homme, dans le cours ordinaire de la vie, et qui pourtant étoit le plus universel, le plus énergique, et le seul dont il eût besoin? Mais enfin, puisque le langage naturel des hommes étoit, selon Jean-Jacques lui-même, le plus énergique, le plus universel, et le seul dont ils eussent besoin tant qu'il n'y eut pas à persuader les hommes assemblés, toutes les difficultés élevées par Jean-Jacques sur le langage, se réduisent donc à sçavoir comment il put se former un langage propre à persuader les hommes assemblés.

» Quand les idées des hommes, continue
» Jean-Jacques (1), commencèrent à s'étendre
» et à se multiplier, et qu'il s'établit entre eux
» une communication plus étroite, ils cherchèrent
» des signes plus nombreux et un langage plus
» étendu; ils multiplièrent les inflexions de la
» voix, et y joignirent les gestes, qui, par leur

(1) Page 51.

» nature, sont plus expressifs, et dont le sens dé-
» pend moins d'une détermination antérieure ».

Sans s'arrêter aux erreurs de cette description, qui suppose que les gestes ne faisoient pas partie du langage primitif, l'on doit voir pour le coup que c'est une pure malice de la part de Jean-Jacques, de nous dire qu'il ne conçoit pas les progrès des hommes dans l'art de la parole, puisqu'il explique lui-même ces progrès. Combien donc sont oiseuses toutes ses questions sur la faculté que l'homme a de parler ? Jean-Jacques auroit pu élever semblables questions sur toutes les facultés que l'homme exerce ; mais la plupart lui sont communes avec l'animal. Voilà ce qui nous a épargné bien des questions. Les animaux ont un langage naturel ; Jean-Jacques en accorde un à l'homme, et l'assimile à celui des corneilles et des singes : les animaux ont une communicabilité quelconque ; Jean-Jacques en accorde aussi une à l'homme, mais pareille seulement à celle des loups ; les animaux n'ont point formé de langues ; voilà pourquoi Jean-Jacques ne conçoit pas comment les hommes ont pu en former : il ne veut point que l'entendement humain distingue spécialement l'homme de la bête ; voilà ce qui rétrécit si fort ses conceptions.

On s'avisa enfin, dit Jean-Jacques (1), » de
» substituer aux gestes les articulations de la voix,
» qui, sans avoir le même rapport avec certaines

(1) Page 52.

» idées, sont plus propres à les représenter toutes » comme signes institués «.

Peut-on dire que les articulations ne sont pas inhérentes au langage naturel, que le langage naturel avoit pu consister dans les sons imitatifs, dans les inflexions multipliées de la voix, dans le cri de la Nature, être enfin le plus énergique de tous, sans qu'il y eût des articulations ? C'est là ce qui seroit difficile à concevoir. Il n'y a pas jusqu'aux cris et clames de l'enfant qui vient de naître, et qui peuvent bien être regardés sans doute comme cri de la Nature, qui ne laissent entendre des sons articulés ; il ne sçauroit les renforcer et les redoubler, sans que des consonnes ou articulations s'y mêlent naturellement. Combien distinguons-nous d'articulations dans la voix même des animaux ? N'est-il pas évident que la composition de ce que nous appelons Langues factices, n'est que l'arrangement que les hommes sont insensiblement parvenus à donner à celles des voyelles et des consonnes, des inflexions et articulations que l'oreille leur a fait distinguer dans le langage primitif ? Et même s'il est vrai, comme le reconnoît Rousseau, que l'ouïe, sans parler des autres facultés sensitives, étoit infiniment plus subtile chez l'homme primitif que parmi nous, combien d'inflexions de la voix qui, perdues pour nous, étoient pour l'homme primitif des expressions, et faisoient partie de son langage, chant, ou accent naturel ?

Quoi qu'il en soit, c'est sans doute une double

absurdité de prétendre, et que les articulations de la voix ne faisoient pas originairement partie du langage naturel ; et que lorsqu'elles furent introduites dans le langage, elles furent substituées aux gestes, puisque les articulations de la voix sont aussi anciennes que la voix ; ceux-ci font partie de ce qui compose aujourd'hui, comme de tous temps, le langage universel des hommes, ou, pour mieux dire, l'expression universelle de la *parole* de l'homme, du verbe inhérent à l'entendement de l'homme. L'on conçoit que la parole se prend ici dans toute la signification du mot, et non pas dans l'acception figurée et restreinte, à laquelle ce mot est borné dans l'usage ordinaire. Jean-Jacques, voulant remonter à l'origine des Langues, qui ne sont que les signes conventionnels de la *parole*, devoit considérer toutes les manières qui servent à l'homme pour exprimer sa *parole*, puisqu'il est certain que ce n'est pas avec la langue seule qu'il s'exprime.

46. Il ne devoit pas oublier, puisqu'il vouloit parler principes, que la *parole*, le verbe de l'homme est la même chose que la pensée ; que penser c'est parler, c'est agir ; le *verbe*, la *parole*, l'*action* de l'homme retient, dans le langage vulgaire, le nom de pensée, lorsqu'il n'est qu'intérieur ; et ce n'est que lorsque cette pensée est produite extérieurement qu'on la distingue par les mots paroles, actions, gestes. Tout le monde conçoit que de l'action de la voix se déduit naturellement l'accent, le cri, le chant,

le langage; soumis à des règles, il s'en est formé ce que l'on appelle la science des Langues.

Ce que je viens de dire sur la pensée, parole, action de l'homme, m'engage à placer ici quelques observations sur la pensée, parole, action universelle, dont la pensée, la parole, l'action de l'homme sont une émanation (1).

---

(1) Le mot émanation, dont je suis obligé de me servir, ne rend pas exactement ma pensée : le mot modification, plus juste peut-être à quelque égard, le paroîtroit moins sous d'autre rapport; le mot qui rendroit précisément ma pensée me manque. Aussi, n'en déplaise à Boileau et autres qui prétendent que l'homme peut énoncer clairement tout ce qu'il est capable de concevoir, je crois pouvoir soutenir que la faculté de l'intellect chez l'homme va bien plus loin que l'art de s'exprimer. Il ne faut pas confondre l'imagination et l'intellect : l'imagination, qui tient davantage à nos sens, qui même est mise au rang de nos sens internes, trouve dans nos sens des entremetteurs naturels de ses conceptions; mais les conceptions qui tiennent purement à notre intelligence, ne peuvent pas toujours être rendues dans toute leur étendue et rectitude par l'entremise de nos sens. Ne voit-on pas, par exemple, des Artistes concevoir et exécuter très-bien ce qu'ils ne sçauroient exprimer? semblables en cela à ces anciens Chaldéens et autres Peuples de l'Antiquité, chez qui l'industrie devança si prodigieusement la formation des Langues régulières.

L'insuffisance de nos langages est bien plus sensible encore en fait de Morale, de Politique et autres Sciences semblables. Il est bien plus facile d'y faire parler l'imagination que le pur intellect ou la raison; aussi voit-on le Sophiste subjuguer avec quelques élans d'imagination la multitude, tandis que pour se faire entendre, la raison ne trouve souvent ni bouche ni oreilles. Au reste, les Sophistes ne parviennent pas non plus toujours à rendre leurs idées. Sans en chercher d'autre exemple que celui

L'idée de l'être intelligent renferme l'idée de trois caractères spécifiques, la pensée, la parole, l'action. L'idée de l'intelligence infinie renferme donc l'idée de la pensée infinie, de la parole infinie, de l'action infinie. L'intelligence infinie ou universelle est ce qui est appelé Dieu par tous les Peuples de la terre. Dieu, figuré chez les Peuples idolâtres et chez les Païens sous une infinité de caractères, personnages ou Dieux fantastiques, n'est conçu parmi nous que sous les trois caractères spécifiques de l'intelligence universelle. Nous nommons Personnes, en parlant de Dieu, les trois vertus que nous nommons caractères

de Rousseau même, Rousseau, l'homme de son temps peut-être qui manioit le mieux l'art de la parole, ne nous atteste-t-il pas que malgré ses efforts continuels pendant dix ans, il ne lui fut pas possible de rendre ces prétendues grandes idées de Politique et de Morale qu'il dit avoir conçues en un quart-d'heure au pied de son arbre enchanté? A juger, il est vrai, des idées qu'il n'a pu exprimer, par celles qu'il a mises au jour, du moins par celles que je connois, il est fort heureux pour le genre humain qu'il n'ait pas eu la faculté d'accoucher de toutes ses conceptions. Combien enfin la pauvreté de notre langage doit-elle se faire sentir davantage à l'égard des contemplations métaphysiques! C'est en métaphysique sur-tout que l'on se trouve réduit souvent à des expressions figurées, la plupart si imparfaites et qui laissent tant à désirer; tant il est vrai que toutes les facultés de notre intellect ne sont pas communicatives, qu'il n'est pas en notre pouvoir de nous répandre entièrement hors de nous-mêmes, parce que sans doute les plus pures facultés de l'intelligence humaine ne sont destinées qu'à la correspondance de l'ame avec l'être dont elle émane. Pour en revenir donc au mot émanation, j'ai cru devoir prévenir qu'ici je ne l'emploie que comme l'indication et non comme l'expression précise de ma pensée.

ractères en parlant de l'intelligence universelle. La première vertu, que nous nommons, en parlant de Dieu, la première Personne ou le Père, est le premier caractère de l'intelligence universelle, ou la pensée : la seconde vertu, que nous nommons, en parlant de Dieu, la seconde Personne ou le Fils, est le second caractère de l'intelligence universelle, ou le Verbe : la troisième vertu, que nous nommons la troisième Personne, ou le Saint-Esprit (1), est le troisième caractère de l'intelligence universelle, ou l'action.

Les trois caractères spécifiques de l'intelligence universelle, la pensée, la parole, l'action, autrement les trois Personnes de Dieu, le Père, le Fils, l'Esprit, sont trois caractères, trois personnes très-distinctes ; cependant ces trois caractères, ces trois personnes ne sont qu'un seul être ; car non-seulement elles sont inséparables, mais même elles sont tellement identiques, procèdent tellement entre elles, que dès que l'une est donnée, les deux autres sont, selon l'ordre de leur procession, ou données ou supposées. Si la première personne ou la pensée est supposée, les deux autres personnes, la parole et l'esprit, sont données ; car la pensée universelle ne peut être sans qu'elle comporte son expression ou verbe, et son esprit ou action, nom-

---

(1) Il seroit important de connoître l'étymologie du mot *esprit*, ou la signification du mot auquel il correspond dans les langues primitives.

mé spiration, *spiritus quasi spiratus.* Si c'est le verbe, la parole qui soit donnée, la pensée est supposée, car il faut la pensée pour engendrer la parole; et l'action ou esprit est donné, car la parole universelle et la pensée dont elle est engendrée ne peuvent être sans qu'elles comportent leur esprit, action ou spiration. Si c'est l'action ou esprit qui soit donné, les deux autres personnes sont supposées, car il ne peut y avoir d'action ou esprit sans conception ou pensée, ni sans expression ou verbe.

Ainsi, ce dogme qui enseigne que la seconde et la troisième Personne de l'Etre universel, c'est-à-dire, le Verbe ou le Fils, et l'action ou l'esprit, procèdent de la première personne qui est le Père ou la pensée, et que ces trois personnes distinctes ne sont pourtant qu'un seul être, ou un seul Dieu; ce dogme bien qu'au-dessus de notre entendement, y peut être assez senti par certains rapprochemens, pour que la croyance n'en ait plus rien de pénible, puisque nous venons de voir qu'aucune de ces trois personnes ne peut être donnée, sans que les deux autres soient données ou supposées, que la seconde et la troisième procèdent en effet de la première, et la troisième des deux autres.

De ce que nous venons d'exposer, se déduit encore la nécessité de mondes, d'êtres, ou manières d'êtres, de temps ou étendue; ou si l'on veut, en un mot, de toutes les émanations et modifications de l'Etre, conçues, exprimées, opérées par la pensée, le verbe, l'esprit ou action de l'Etre. Dans toute l'éternité, l'Etre fait ou engendre; il fait, parce qu'il est; il ne peut exister sans faire, puisque l'existence ou intelligence universelle ne peut, ainsi que nous l'avons vu, se concevoir sans ses trois caractères spécifiques, la pensée, la parole, l'action; et qu'en un mot *être* c'est *faire*, ne point faire, ce n'est pas être; il ne sauroit faire un autre Etre ou Dieu, puisqu'il est l'Etre univesel, qu'il est tout; il fait par émanations, modifications et figuration de lui-même. Son verbe est sa figure émanée, engendrée de lui de toute éternité, dans toute la plénitude de son être, sans aucune modification. Ses créatures sont des figures de lui, faites ou produites par son verbe dans le temps, et avec modifications par l'opération de son Esprit; ces êtres supérieurs, conçus par l'intelligence, par la pensée de Dieu, ces êtres, après Dieu, les plus parfaits sans doute qui puissent se concevoir, et nommés par l'Ecriture intelligences, trônes, dominations, gloire, puissances, vertus; ces êtres et tous les êtres, ou plutôt toutes les manières d'être de l'Etre, tous ces êtres, dis-je, existans dans l'Etre, dans sa pensée éternelle, sont produits, créés dans le temps par sa parole ou son verbe qui, pour faire cette création, s'est *intemporalisé*, enveloppé dans le temps; car l'intemporalisation du Verbe ne lui a pas été moins nécessaire pour faire le monde que son incarnation pour faire l'homme qui, ébauché dans Adam, n'a été fait que dans le Christ ou Verbe incarné, par la volonté de l'Etre et l'opération de son Esprit, mais auparavant intemporalisé par la même volonté de l'Etre et l'opération du même Esprit. C'est ainsi, que selon l'Ecriture même, l'esprit de Dieu, son action a été dès le commencement épandu, porté sur la substance fluide ou matière dont le monde a été formé (1); et qu'en un mot, non-seulement tout a été fait par lui (2), maisencore de lui-même, de sa propre substance, de sa parole ou de son Verbe (3).

Ainsi ce que dit encore ici l'Ecriture n'est nullement au dessus des lumières de lasimple raison. La raison comme l'Ecriture, nous dit que rien ne peut être formé que de la substance de l'Etre universel. Elle nous dit que de la nécessité que l'Etre fasse, et de l'impossibilité qu'il fasse un autre Dieu, vient la nécessité du temps et de l'étendue, puisque tout ce qui n'est pas Dieu, l'Eternel, l'infini ne peut exister que dans le temps ou étendue, et que ce n'est qu'en Dieu que sont l'éternité et l'immensité. Elle nous dit que l'Eternel, l'infini, l'être étant donné, toutes les manières d'être, et par conséquent le temps ou l'étendue sont donnés, puisque toutes les manières d'être sont existántes dans l'être. Or le temps ou l'étendue donnés, tous les mondes conçus,

(1) *Et ferebatur spiritus dei super aquas.*

(2) *Omnia per ipsum facta sunt.*

(3) *Et sine ipso factum est nihil quod factum est.*

exprimés, opérés par la pensée, le verbe, l'action ou esprit de l'Etre universel, en un mot, toutes les créatures existantes ou possibles sont données.

C'est encore dans la nécessité que l'Etre fasse, et dans l'impossibilité qu'il fasse un autre Etre ou Dieu, que se trouve le principe ou la cause du mal ; car la perfection n'est qu'en Dieu, et dans l'ensemble de ses ouvrages, qui constitue sa maniere d'être ; mais toute créature, tout objet fini ne peut avoir pour son partage que l'imperfection. Or le mal prend sa source dans l'imperfection.

Ceci répond à ces questions si souvent renouvelées; savoir si le Créateur n'est pas l'auteur du mal, s'il n'eût pas pu empêcher le mal. L'on voit par ce qui vient d'être dit, que pour qu'il n'y ait pas de mal au monde, il faudroit que Dieu ne créât que des Dieux, ce qui est impossible. Loin que Dieu puisse créer un autre Dieu, un autre être semblable à lui, il ne peut faire que des êtres d'une nature opposée à la sienne ; car il est de sa nature éternel, infini, parfait, et il ne peut faire que des êtres bornés et imparfaits. C'est donc dans cette imperfection, dans cette opposition naturelle de la créature au Créateur, et non dans la volonté de Dieu qu'est le principe du mal.

Mais aussi tant que le mal existe, l'œuvre de la création n'est pas fini ; car à la consommation de cet œuvre, tout est consommé dans l'unité, vérité, être ou souverain bien, même l'Enfer.

Quant à la peine, il est clair qu'elle suit nécessairement le mal, puisque la douleur et le malheur sont les caractères naturels du mal, comme le plaisir et le bonheur sont les caractères naturels du bien. Dieu, par l'effet de sa puissance, peut détourner le malheur de la créature, en qui il n'y a d'autre mal que l'imperfection de sa nature; mais quand elle use de sa liberté pour commettre le mal, quand elle se tient dans une opposition volontaire au Créateur, alors il n'est pas dans la justice de Dieu, ni par conséquent dans sa puissance de la soustraire à la douleur, au malheur qui sont les caractères naturels du mal.

De la nécessité que l'Etre fasse, et de l'impossibilité qu'il fasse un autre Etre ou Dieu, de la faculté inhérente en l'Etre d'opérer dans l'immensité et l'éternité, le temps ou étendue, et par conséquent la matière, résulte encore la réfutation, je ne dis pas seulement du système des Matérialistes, dont l'absurdité est si manifeste, comme nous avons déjà eu occasion de le faire voir, mais encore de ce que d'autres disent que la matière se conçoit toute seule; erreur d'autant plus dangereuse, qu'elle est le commencement du matérialisme, si elle n'est pas le matérialisme même. Cette erreur paroît être celle de bien des savans; mais ce qui est inconcevable, c'est qu'elle soit celle de Mallebranche.

« La matière, dit-il, se conçoit fort faci-
« lement toute seule; car elle n'est autre chose
« que l'étendue qui se conçoit seule. Il seroit
« très-déraisonnable de croire que l'étendue
« fût jointe avec quelque autre chose; et
« quand il y auroit quelque autre chose jointe
« à l'étendue, cela n'empêcheroit pas que
« la matière ne fût autre chose que l'éten-
« due ».

Est-il vrai que la matière ou l'étendue puisse se concevoir toute seule? Voici, quant à moi, comme je conçois la généalogie de la matière, comme j'en chercherois l'essence. Je vois d'abord ainsi que tout être, doué d'intelligence, l'immensité et l'éternité: l'immensité et l'éternité se supposent naturellement, et s'identifient même ensemble. Etre éternel, c'est être immense; être immense, c'est être éternel. L'immensité, l'éternité ne se conçoivent point sans l'Etre; l'immensité, l'éternité sont dans l'être même, et sont la manière d'être de l'Etre dans toute sa plénitude et perfection. L'Etre, comme nous l'avons vu, ne se conçoit pas sans action. L'action de l'Etre est de deux sortes; action sans agitation, c'est l'action éternelle de l'Etre, ou son repos (1); action avec agitation, qui est l'action temporelle de l'être ou son travail (2). L'effet de l'agitation ou du mou-

(1) Que les théologiens nomment *ad intra.*

(2) Que les théologiens nomment *ad extra.*

vement dans l'immensité et l'éternité, est de les partager, modifier à l'infini: ces parties, ces modifications sont le temps ou étendue; ainsi le mouvement étant donné, le temps ou étendue est donné. Les divisions de l'immensité retiennent, dans le langage vulgaire, le nom d'étendue, et celles de l'éternité, le nom de temps. Le temps ou étendue donné, la matière, qui, selon Mallebranche, n'est autre chose que l'étendue, est donnée.

Ainsi l'essence de la matière ou étendue est le mouvement conçu dans l'immensité et l'éternité. Selon Mallebranche, au contraire, c'est la matière qui est l'essence du mouvement; ce qui est le matérialisme tout pur. De plus, ni la matière, le temps ou étendue, ni le mouvement, ni même l'immensité ou éternité qui les embrassent tous, ne se peuvent concevoir seuls; car, ainsi que nous venons de le voir, l'immensité et l'éternité ne sont pas des êtres, mais des manières d'êtres; elles supposent l'être dont elles sont la manière. Il est également évident que l'être dont l'éternité et l'immensité sont la manière d'être, c'est l'Etre éternel, infini, universel. Donc l'éternité et l'immensité supposent l'Etre éternel, infini, universel, aussi évidemment, aussi nécessairement que l'intelligence suppose l'être intelligent, ou plutôt est l'Etre intelligent lui-même, est Dieu; car ici la manière d'être ne se distingue plus de l'être lui-même, qui est ainsi le commencement et la fin, l'*alpha* et l'*oméga*, comme dit l'Ecriture. L'on voit donc que la matière ne sauroit se concevoir sans l'être ou l'intelligence, puisque nous sommes remontés de la matière à l'immensité et l'éternité, qui sont purement la manière d'être de l'être ou intelligence.

Dire que l'essence de la matière est éternelle, n'a rien d'hétérodoxe, puisque cette essence est dans l'action de Dieu *ad intra*, qui est son action éternelle, au lieu que la matière elle-même résulte de l'action de Dieu *ad extra*, qui est son action temporelle. Mais prétendre que la matière ou l'étendue se puisse concevoir toute seule, c'est, on le rappelle, du matérialisme tout pur.

Comment donc se peut-il qu'un des plus grands métaphysiciens qui aient paru sur la terre, qu'un philosophe chrétien, un Mallebranche, ait pu tomber dans l'erreur que nous venons de combattre ? et n'est-il pas évident, qu'après cette inconcevable extravagance des Atomistes qui forment tous les mondes par le raccrochement des parties crochues de leurs infiniment petits qui n'ont point de parties, il ne se peut rien de moins sensé que de dire que la matière se conçoit fort bien toute seule, qu'il est fort déraisonnable de croire qu'il s'y joigne quelque autre chose que l'étendue, et que quand il s'y joindroit quelque autre chose, cela n'empêcheroit pas que la matière ne fût autre chose que l'étendue (1).

(1) C'est, à vrai dire, une chose inconcevable, combien Mallebranche est loin d'être Mallebranche dans

Cette digression sur la pensée, la parole, l'action universelle, nous meneroit beaucoup plus loin encore, car tout se lie ; mais revenons à notre sujet. Nous avons prouvé que la pensée, le verbe et l'action qui sont les trois

---

son chapitre concernant l'essence de la matière. Faisons-en une courte analyse. « L'essence de la matière, dit-» il, est l'étendue, parce que l'étendue est la première » chose que l'on conçoive dans la matière; que la ma-» tière même n'est autre chose que l'étendue, et que » l'étendue se conçoit facilement toute seule; » à quoi il ajoute, comme nous l'avons vu, que quand l'on concevroit autre chose avec l'étendue, et par conséquent avec la matière, cela n'empêcheroit pas que la matière ne fût rien autre chose que l'étendue. Pour prouver cette assertion, et réfuter les théologiens dont les principes lui sont opposés, il dit que l'Etre ou la substance universelle ne renferme point d'attribut particulier qui convienne à la matière; car, dit-il, si l'on ôte l'étendue de la matière, l'on ôte tous les attributs de la matière, quand même on y laisseroit la substance universelle ou l'Etre; et tout au contraire, si on l'ôte, pourvu que l'on laisse l'étendue, on laisse tous les attributs et propriétés que l'on conçoit distinctement renfermés dans l'idée de la matière; et l'on peut former avec de l'étendue toute seule un ciel, une terre, tout l'univers. Il est clair que loin d'une solution, ceci présente des questions nouvelles. Est-il vrai que la substance universelle ne renferme point d'attributs qui convienne à la matière? Que l'action (l'un des caractères spécifiques de l'Etre) que l'action, le le mouvement qu'elle comporte, et dont l'impression dans l'immensité et l'éternité forme le temps et l'étendue et par conséquent la matière ne convient pas à la matière? Est-il vrai que la matière puisse être conçue hors de la substance universelle, de manière que la substance universelle ne soit pas la substance universelle? Est-il vrai, en un mot, que le ciel, la terre pussent être faits autrement que par l'Etre universel, et sans que ce soit

caractères spécifiques de l'intelligence universelle, les trois personnes ineffables sous lesquelles nous envisageons la divinité, sont parfaitement identiques, ne sont qu'un seul être, sont l'intelligence universelle.

---

de la substance universelle? Ne seroit-ce pas une chose absurde que de le prétendre? Ce sont donc des questions et des absurdités que l'on présente ici, au lieu d'une démonstration.

» Si toutefois, continue Mallebranche, on croyoit » qu'il fût à propos, pour la satisfaction de quelques » esprits, d'expliquer comment le sentiment qu'on a » de la matière s'accorde avec ce que la foi nous en- » seigne de la transubstantiation, on le feroit peut-être » d'une manière assez nette et assez distincte, et qui » certainement ne choqueroit en rien la décision de » l'Eglise. Mais, continue-t-il, on ne doit pas entre- » prendre, sans de pressantes raisons, de donner des » explications faciles et intelligibles des choses que les » Pères et les Conciles n'ont pas entièrement expli- » quées ».

Quoi! il faut, en matière de Théologie, laisser inintelligibles les choses qu'il seroit facile d'expliquer! Pourquoi donc cela? « C'est, dit-il, qu'autrement ce » seroit jeter des semences nouvelles de disputes et de » querelles dont il n'y en a déjà que trop ».

Ainsi les disputes et les querelles sur des choses inintelligibles ne feroient que se multiplier, si ces choses étoient éclaircies par des explications faciles. Ainsi dans des disputes théologiques, il ne faut pas éclaircir le sujet de la dispute. C'est pourtant là ce que dit Mallebranche; et voici son raisonnement à l'appui de cette assertion. » Si l'on suppose, dit-il, que l'essence de la » matière n'est pas l'étendue en longueur, largeur et » profondeur, mais quelque autre chose qu'on ne con- » noît point, comment réfutera-t-on l'erreur d'un li- » bertin qui soutient et qui prouve même par des rai-

Or, l'homme participant à l'intelligence, n'y peut participer que de la même manière que l'intelligence est. La pensée, la parole, l'action sont donc identiques, sont une dans l'homme comme dans l'intelligence universelle : donc penser c'est en même temps parler et agir ; parler, c'est en même temps penser et agir ; agir, c'est en même temps penser et parler.

A la vérité, selon le rapport de nos sens, penser, parler, agir sont des choses très-différentes; mais c'est que nous ne saurions recevoir par l'entremise des sens aucune perception première ou élémentaire : nous n'appercevons que des résultats; les actions les plus simples à nos yeux ne sont que les résultats d'autres actions dont nous n'avons pas la perception; le moindre de nos mouvemens n'est

---

» sons spécieuses que c'est la matière dont le cerveau » est composé, qui pense, raisonne, veut, etc, »? Mallebranche nous a dit que ce que les Théologiens supposent être l'essence et principe de la matière, c'est la substance universelle ou l'Etre. Il en résulte évidemment une conséquence toute contraire au raisonnement que fait ici Mallebranche; car il est clair que si l'on fait voir que le principe de la matière est la substance universelle ou l'Etre, le libertin qui veut que ce soit la matière qui pense, reste confondu; et c'est au contraire en supposant que la matière ou l'étendue se conçoive toute seule, et qu'il seroit déraisonnable de croire qu'il s'y joigne autre chose, que l'on autorise le libertin et autres à se persuader que c'est la matière qui pense.

Enfin Mallebranche termine ce Chapitre par cette

que le résultat d'une action première qui se passe en nous. Cette action intérieure échappe à nos sens, ou se confond avec notre pensée, ou est notre pensée. Nous ne voyons dans notre pensée, selon le rapport de nos sens, que la pensée dénuée d'action, et nous n'appercevons dans le mouvement du pied, de la main, qu'une action simple, et non le résultat d'une action première; mais il est certain que notre main, notre pied ne sont pas plus capables d'agir qu'un morceau de bois; il faut que notre main, notre pied soient mus comme le bois pour qu'il en résulte une action. Or, la pensée, telle qu'on l'envisage vulgairement, dénuée de toute idée d'action, ne pourroit pas seule mouvoir notre pied, notre bras, ni le moindre de nos muscles et fibres. Il est donc évident que de notre pensée au mouvement de notre bras il y a une action qui opère ce mouvement; il y a peut-être

---

citation de Saint Augustin : « Otez aux corps l'étendue, » et vous les anéantirez ». Comme s'il résultoit de là que l'étendue ou la matière puisse se concevoir toute seule. Il est certain que l'étendue ôtée, le corps seroit anéanti, ne seroit plus corps; mais la substance dont ce corps anéanti étoit formé, ne seroit pas pour cela anéantie, elle resteroit dans l'immensité, dans l'éternité, dans la substance universelle, dans l'Etre. Le passage de Saint Augustin ne fait donc rien en faveur de Mallebranche; cette citation ne fait que présenter une contradiction de plus de sa part, puisqu'il veut donner ici l'opinion des Pères de l'Eglise pour explication d'un point qu'il a dit plus haut que les Pères de l'Eglise n'ont point expliqués.

une infinité d'actions par la quantité de fibres et de particules qui ont dû être mus avant notre bras. Toutes ces actions échappent à nos sens, et ne sont pourtant elles-mêmes que le résultat d'une action indépendante de nos fibres : cette action est celle qui se confond avec notre verbe et notre pensée ; cette action, ce verbe, cette pensée sont identiques, ne sont qu'un, sont notre intelligence, notre ame, sont ce rayon de la Divinité qui est en nous. Il est donc vrai de le dire, penser, parler, agir sont un seul et même acte, bien que dans le langage vulgaire la pensée, la parole, l'action retiennent simplement le nom de pensée, lorsque cette action n'est qu'intérieure, et que ce ne soit que lorsqu'elle est produite extérieurement qu'on la nomme parole, action, geste; ce que Rousseau, puisqu'il vouloit remonter à l'origine des Langues, qui ne sont que les signes conventionnels de la parole, devoit considérer d'autant plus que de l'action de la voix se déduit, ainsi que nous l'avons déja observé, l'accent, le cri, le chant, le langage, dont s'est formé ce que l'on appelle la science des Langues.

Dans le langage naturel sur-tout, les autres gestes concouroient beaucoup plus que les gestes de la voix à exprimer la *parole* de l'homme : en supposant donc l'homme privé de l'organe de la voix, cet être en qui tout, jusqu'au bout des doigts, est parlant, eût pu tout aussi bien imaginer des caractères pour représenter les autres gestes, qu'il a pu imaginer les caractères qui expriment les gestes et les accens de sa voix: sait-on même quels effets eût pu produire un tel alphabet pour les Arts et pour les Sciences?

47. Ce seroit même une question à examiner, si l'origine de beaucoup de connoissances et arts n'est pas antérieure à la science des langues. L'on conçoit que les connoissances humaines, que nous appellons sciences et arts, ont dû se former dans l'ordre des besoins et des sensations des hommes; c'est ce que Jean-Jacques établit lui-même. Les arts ou sciences relatifs aux besoins les plus pressans et aux sensations les plus vives, doivent donc être les plus anciens; et certes, ce n'est pas la science des langues, à partir encore des propres principes de Rousseau. Les hommes eussent subsisté des milliers de siècles, une éternité, sans les langues; c'est Rousseau qui nous le dit. Ils ne pouvoient, au contraire, subsister sans le secours de leur industrie et de leur intelligence; c'est encore Rousseau qui nous le dit. Or, puisque Rousseau a conçu que l'homme ne peut subsister sur la terre sans le secours et les fruits de son industrie et de son intelligence, et qu'il eût au contraire très-bien existé sans les langues, il a donc conçu que les arts et les sciences, qui sont les fruits de cette industrie et de cette intelligence, et qui se rapportent à ses premiers besoins et à ses sensations les plus actives, ont une origine antérieure à celle des langues; et si Jean-Jacques a conçu que ces arts et sciences ont précédé

la formation des langues, quelle difficulté a-t-il donc pu trouver à concevoir la formation des langues elles-mêmes ?

En un mot, la science des langues est l'art d'analyser la parole ; et l'on peut dire qu'en cela les langues sont à la parole ce qu'est l'algèbre aux sciences de calcul ; c'est parce que cette faculté d'analyser est naturelle à l'homme, qu'il a su instituer des signes pour cette analyse. L'on ne doit donc pas être plus étonné que la science des langues n'ait pris naissance qu'après d'autres sciences et arts, que l'on ne doit s'étonner que l'algèbre n'aît pris naissance qu'après les sciences et arts auxquels il se rapporte.

Ces observations se trouvent pleinement d'accord avec les monumens de l'histoire ; elle nous apprend que les premiers hommes, qui furent si industrieux, n'avoient ni écriture, ni grammaire. Les Chaldéens n'avoient pour écriture que des lignes ; les anciens Egyptiens, pour tenir lieu de l'écriture, empruntèrent le secours de la peinture ; leurs premières histoires furent écrites en figures ou en portraits, devenues depuis si célèbres sous le nom d'hiéroglyphes. Les Phéniciens sont regardés comme les inventeurs des lettres. Nous voyons d'un autre côté l'origine des langues se perdre dans l'accent ou le chant humain, à une époque très-postérieure aux arts et aux sciences, et procéder de la musique et poésie, comme l'art d'écrire procède de la peinture. Aussi les plus anciens littérateurs ou écrivains,

tant

tant sacrés que profanes, dont les ouvrages nous sont parvenus, sont encore plus chantres et poëtes qu' écrivains (1).

---

(1) Je dis plus, nous-mêmes, en parlant et écrivant sommes chantres et poëtes.

En effet, l'on conviendra sans doute que le même discours peut faire beaucoup ou point d'effet selon la manière dont il est récité. Or, que l'on appelle ce récit cantique, chanson, psalmodie, récitatif, discours, c'est toujours du chant, dès-lors qu'il faut nécessairement de l'intonation dans toute espèce de récit. Nous sommes donc naturellement chantres, et nous exerçons à tout moment le chant naturel, lors même que nous croyons ne faire usage que des langues formées par les hommes.

Je vais plus loin encore, quelque détérioré que soit parmi nous le chant naturel, ce que nous en conservons est encore bien plus étendu que notre chant artificiel. Le chant artificiel n'est composé que de la partie du chant naturel que nous avons trouvé moyen de soumettre à des règles, et il se borne aux tons et demitons. Or, combien d'autres intonations ou inflexions se trouveroient dans la partie du chant naturel qui s'unit, soit à l'usage ordinaire de la parole, soit au cri de la nature? Les accens les plus délicieux et les plus affreux, les plus touchans et les plus terribles, non plus que les accens les plus vulgaires, n'ont point encore été assujettis aux règles de l'art : en un mot, le chant artificiel, qui d'ailleurs est encore parmi nous dans l'enfance, ainsi que tous les autres arts, n'est propre qu'à notre amusement. Ce que nous éprouvons ne peut être chanté que dans le chant naturel.

S'il est évident que la nature nous a faits chantres, il ne l'est pas moins qu'elle nous a faits poetes.

Nous ne parlons et n'écrivons que pour représenter nos idées. Or la poésie n'est autre chose que la représentation de nos idées. Aussi, avons nous observé que les

48. Les divagations de Rousseau, qui nous ont conduits à la question touchant l'antériorité des arts sur la formation des langues, nous conduiroient encore, s'il falloit suivre tous les détours de sa marche, à cette question : *La formation des langues n'a-t-elle pas été jusqu'ici plus nuisible qu'utile aux progrès des arts et des sciences; au développement du verbe ou parole de l'homme?*

L'approfondissement de cette question demanderoit un traité complet; et pour l'entreprendre, il faudroit une érudition vaste : je laisse donc ce soin à des plumes savantes, et je vais me borner à exposer quelques idées comme se liant le plus à mon sujet.

Rousseau nous a dit que le langage primitif étoit le plus universel, le plus énergique, et le seul dont l'homme eût besoin, mais que l'on a substitué à ce langage primitif des articulations, sans qu'elles aient le même rapport à nos idées, et sans qu'elles soient propres

---

langues procèdent de la poésie comme de la musique. La formation des langues, à son tour, a donné lieu à de nouveaux développemens de la poésie, et à la formation de ce que l'on appelle l'art de la poésie; tous les hommes ne participent pas à l'art de la poésie, mais tous participent plus ou moins à la poésie naturelle. Enfin, que sont, je le demande, tous nos arts, sinon la théorie des facultés naturelles de l'homme? et que deviennent, d'après cette seule observation, toutes les rapsodies de notre Auteur sur l'origine des langues artificielles?

à les représenter autrement que comme signes institués.

Or, il est clair que les langages provenant de cette substitution de signes conventionnels au langage naturel, et de signes qui ne se rapportent pas à nos idées, au langage qui s'y rapportoit et qui étoit le plus énergique, le plus universel et suffisant à tous les besoins; il est clair, disons-nous, que de tels langages n'offrent que l'altération du langage naturel. Et puisque c'est au langage immédiat de la nature que se rapporte, ainsi que nous venons de le voir, l'origine des arts et des sciences, on peut donc conclure que les langues qui offrent l'altération du langage naturel, ont plus nui que servi à la marche progressive des sciences et des arts.

J'ai donc pour moi Rousseau contre Rousseau même.

Une chose qui est de plus de poids en faveur de mon opinion, c'est que dans la dispute qui agite les savans touchant les anciens et les modernes, il paroît que ce sont les savans les plus profonds, ceux d'une critique et d'un jugement le plus solides, qui sont en faveur des anciens contre les modernes.

49. Il est assez généralement reconnu qu'il existoit chez les anciens des sciences et arts, totalement ignorés des modernes. C'est même une chose avouée que les hautes sciences qui ont illustré les Grecs, n'étoient pas nées dans

H 2

la Grece même, et que tous leurs grands philosophes ont été s'instruire en Egypte, dans un temps même ou les sciences dans cet empire, étoient déja bien déchues. L'histoire sacrée s'unit à cet égard à l'histoire profane : nous voyons que Moïse avoit puisé chez les Egyptiens la connoissance de ces sciences sublimes qu'il déploya plusieurs fois contre les Mages d'Egypte mêmes.

L'on sait encore que ces sciences, sources de toutes celles qui ont depuis éclairé le monde, n'étoient elles-mêmes qu'une portion des sciences des anciens Egyptiens, recueillies par de nouveaux habitans qui vinrent de différentes contrées repeupler ce pays, que les inondations et les guerres avoient dévastés: et que les fameuses pyramides, l'ancienne Thèbes à cent portes, dont on dit tant de merveilles, et tant d'autres monumens qui n'ont été surpassés ni égalés depuis chez aucun peuple, et qui annonçoient des arts fort anciens, ne datoient eux-mêmes que des seconde et troisième dynasties de l'empire Egyptien, dont la première, antérieure de beaucoup à l'invention des hiéroglyphes, est l'époque où les Egyptiens florissoient le plus par les sciences, les arts et la sagesse de leur gouvernement.

En un mot, il paroît certain que dans la pratique des arts, nous n'égalons pas les Romains, comme ceux-ci n'égalèrent pas les Grecs, ni les Grecs les Egyptiens, ni les Egyptiens les Chaldéens; ces mêmes Chaldéens, dont le nom est si décrié, comme gens assez superstitieux pour s'être adonnés à ce que nous appelons les sciences occultes, et assez ignorans et insensés pour avoir entrepris d'élever une tour jusqu'aux cieux, n'est-il pas aisé de voir que c'est notre propre ignorance qui nous les fait regarder comme ignorans? C'est l'illusion de notre vanité qui nous fait regarder comme fable ce qui a été jusqu'ici audessus de nos connoissances. Tandis que les peuples plus modernes que nous reconnoissons comme savans, parce qu'ils sont nos maîtres, tenoient eux-mêmes leurs sciences de ces aînés du genre humain, qui furent à la fois les premiers précepteurs des hommes, et les premiers dieux de la Mythologie et des peuples savans.

Quant à l'entreprise de la tour de Babel, attestée par les historiens sacrés, reconnue par les historiens profanes, et figurée par la Mythologie sous l'emblême des Titans faisant la guerre à Jupiter, c'est l'ivresse du savoir de ces hommes prodigieux que cette entreprise nous décèle, et non leur ignorance.

A quel degré falloit-il en effet que l'industrie fût portée chez des hommes capables de former une entreprise de cette nature? Cette étonnante industrie peut-elle être plus formellement constatée qu'elle ne l'est à la fois, et par l'Ecriture qui nous fait connoître que ces hommes ne furent arrêtés dans leur entreprise que lorsqu'elle fut parvenue au point au delà duquel l'industrie humaine ne pouvoit aller, audelà duquel ils ne pouvoient plus que tomber dans la confusion; et par la Mythologie, qui nous les représente comme prêts à escalader le ciel, lorsque le maître du tonnerre parvint à les foudroyer; et par l'histoire profane, qui nous apprend que la ville qu'ils avoient entrepris de bâtir en même temps que cette tour, fut la plus superbe, la plus étonnante, la plus féconde en merveilles qui ait depuis existé?

Au lieu que c'est en raison inverse, suivant ce que nous avons observé plus haut, que la science des langues et des écritures s'est formée, et les Chaldéens, les maîtres de nos maîtres dans les arts ne savoient ni lire, ni écrire.

L'histoire sacrée, la mythologie et l'histoire profane se prêtent, comme on le voit, une force mutuelle jusqu'à l'époque de la tour de Babel, c'est-à-dire, jusqu'à l'époque de la formation des langues. Veut-on remonter jusqu'au premier homme, l'Ecriture et la Mythologie, c'est-à-dire, les histoires sacrées des Juifs, des Chrétiens et des peuples du Paganisme nous laissent découvrir une industrie, des connoissances plus étendues encore.

La connoissance que, selon l'Ecriture, le premier homme avoit de la nature, étoit si parfaite, qu'il n'étoit aucun animal, aucune plante, ni rien sur la terre qu'il ne connût avec ses propriétés; c'étoit déjà avoir plus de connoissance de la nature que n'en ont pu réunir tous les hommes qui lui ont succédé depuis six mille ans. De plus, sa langue étoit tellement naturelle, tellement parlante, que le nom qu'il donna à chaque animal, à chaque plante, étoit caractéristique.

Tout cela est perdu pour nous, et nous n'avons plus que des langues muettes, au lieu de de la langue parlante du premier homme.

Ce n'est pas tout: après la chûte de l'homme, l'Ecriture est pleine encore des témoignages de l'habileté et de l'industrie des hommes; elle nous atteste que les enfans et petits-enfans d'Adam bâtirent des villes, cultivèrent tous les arts, ainsi que l'agriculture; elle cite entre autres Jubal, versé particulièrement dans la science des instrumens; Tubalcaïn, en toutes sortes d'ouvrages d'airain et de fer; Noé, indépendamment de l'arche, qui offre un monument authentique de son habileté, nous est désigné comme versé dans la connoissance de l'agriculture et des astres, ainsi que des arts. (1)

C'est cette prodigieuse industrie des premiers hommes, encore dans sa force sous les enfans et petits-enfans de Noé, qui leur fit imaginer d'entreprendre d'élever une tour jusqu'au ciel, dans l'espoir d'acquérir l'im-

(1) Veut-on s'écarter du sens propre de l'Ecriture, l'allégorie va plus loin encore : l'allégorie mythologique y découvre la trace des Dieux, des Génies, des Titans ou Géans, en un mot d'une espèce d'êtres supérieurs en

mortalité; l'homme multiplié dans ses descendans, renouvellant ainsi le projet formé en lui dès le jour de sa naissance, celui de se déïfier par ses propres forces, tomba de nouveau dans la confusion, découvrit de plus en plus sa nudité, en même temps que les prodigieux efforts d'imagination qu'il avoit faits pendant quarante ans et plus que dura cette entreprise, ont donné pour ainsi dire un autre cours à la parole par la formation des langues (1).

Or, la formation des langues a un tout autre objet que celui d'attacher l'homme aux arts et aux sciences mécaniques et spéculatives. Le castor, sans avoir eu besoin d'inventer des langues, construit des maisons; l'abeille et beaucoup d'autres animaux se construisent aussi des habitations; la fourmi fait des approvisionnemens, l'araignée des toiles inimitables; l'oiseau que le retour de la saison nous ramène des pays lointains, n'a pas besoin non plus de la connoissance des langues, ni de la boussole pour se diriger dans la traver-

---

tout à nous, et dont nous ne serions que la progéniture dégénérée; l'allégorie philosophique y découvre la trace des plus hautes sciences, le système du ciel et des astres, celui des plantes et de toute la nature; l'allégorie mystique y trouve la destinée du genre humain, l'annonce et le gage du développement du verbe dans l'homme.

(1) L'on peut comparer, à plusieurs égards, l'entreprise de la tour de Babel à celle de la Pierre philosophale. L'une et l'autre sont regardées comme chimériques; l'une et l'autre cependant n'ont pu être hasardées que par

sée des mers. Combien la médecine et la chimie ne sont-elles pas enrichies par l'imitation des animaux ?

Il seroit difficile, il est vrai, d'apprécier jusqu'à quel point l'industrie est du ressort de l'instinct : et qui sait jusqu'où seroit porté l'instinct de l'homme, s'il n'avoit reçu que l'instinct en partage, s'il n'étoit que le premier des animaux ? Mais étant d'un règne supérieur à celui de l'animal, ayant une destination différente, il a, comme homme, des facultés distinctes de celles qu'il a comme animal ; et c'est pour le développement de la parole, à laquelle l'animal ne participe pas, que la faculté de former des langues a été donnée à l'homme, et non pour le développement de ses facultés industrielles, qui étant plus du ressort de l'instinct animal que de l'intelligence humaine, se développent d'autant moins chez l'homme, que ses facultés supérieures se développent davantage en lui.

Ainsi, d'après l'Ecriture, il n'est pas possible de révoquer en doute la supériorité d'industrie des premiers âges ; et pour ce qui est

---

des savans. L'une et l'autre ont échoué, mais ont été l'occasion de grandes découvertes. De même la recherche nouvellement entreprise de la Pierre philosophale politique, après avoir jetté dans la confusion le peuple qui s'y abandonne, laissera parmi les nations des germes favorables au développement de la parole, et hâtera, aux dépens d'une partie du genre humain, la maturité de l'autre.

du système de Jean-Jacques touchant l'homme naturel, faisons voir qu'il offre des conséquences non moins décisives.

Je conçois que le dessein de Jean-Jacques n'a pas été de venir à l'appui de l'Ecriture par son système de l'homme naturel, qui semble prendre en tout le contrepied du dogme de la création de l'homme ; mais il est facile de voir (c'est encore ici que paroît dans son jour la fausse prudence des prétendus philosophes, qui mettent leur gloire à attaquer ce qui est l'objet de la croyance et de la vénération des autres hommes) ; il est facile de voir, disons-nous, qu'il s'est contredit lui-même, bien plus qu'il n'a contredit l'Ecriture.

Je demanderai d'abord si l'on pense qu'il seroit facile d'apprécier toutes les propriétés qui tiennent à l'instinct et à la subtilité des sensations de tous les animaux ; et si l'être, qui, sans instinct particulier, seroit doué d'une faculté supérieure qui les lui rendroit tous propres, et pourroit même l'élever fort au dessus, ne seroit pas un être prodigieux ? Or, cet être est précisément l'homme naturel de Jean-Jacques.

L'on sait à quel point les Naturalistes se sont de tout temps extasiés sur les propriétés qu'ils observent dans l'instinct des animaux. Tout homme d'ailleurs peut sans cesse faire par lui-même, à cet égard, les observations les plus curieuses : or, puisque l'homme dans l'état de nature avoit la faculté de se rendre propre l'instinct de tous les animaux, que l'on juge à quel point l'industrie humaine a pu se porter, lors de la première effervescence, dans le pays ardent où l'on place le premier homme, et à une époque où, selon J. Jacques lui-même, les facultés de l'homme se développoient beaucoup plutôt, où l'ouïe, la vue, l'odorat, et autres facultés sensitives étoient beaucoup plus subtiles, l'instinct plus actif, les besoins plus pressans, chacun étant obligé d'y pourvoir lui-même; la vie beaucoup plus longue : avantage qui, ainsi que les précédens, fut incalculable dans le développement de l'industrie de l'homme.

Observons que Jean-Jacques nous dit qu'encore aujourd'hui le sauvage a l'odorat aussi fin que le meilleur chien de chasse, la vue de linx, l'ouïe de la taupe; qu'il est agile comme le daim, grimpe sur la pointe des rochers comme le belier, nage comme le poisson, est en tout d'une adresse admirable; en quoi il s'accorde au reste avec les autres écrivains et les voyageurs : or, puisque le même Jean-Jacques reconnoît en même temps que dans la jeunesse de la nature les sensations de l'homme étoient bien plus actives encore, ses facultés bien plutôt développées, etc., il n'y a qu'à joindre ce que l'homme à cette époque avoit de plus que le sauvage de nos jours, à ce que le sauvage de nos jours a de plus que nous, et l'on jugera sans peine combien les sensations, et par conséquent l'industrie qui s'y rapporte, durent être plus actives chez les premiers hommes que parmi nous.

Combien l'uniformité même de la société ne tournoit-elle pas encore au profit de l'industrie ? Tout homme étoit ouvrier par état comme par nature, par goût comme par nécessité, par amour-propre, comme par instinct. Chez de tels peuples, agir c'étoit parler, et leur industrie faisoit même la meilleure partie de leur langage.

Mais lorsque la théorie, née avec les langues est venue réduire en art l'exercice des facultés humaines, ces facultés ont été enchaînées par ces nouveaux arts, et la pratique par la théorie; l'ordre social a changé, il s'y est fait la scission que nous y voyons : le dépôt des arts et les avantages de la société sont devenus le partage du petit nombre; la simple main-d'œuvre et tout le fardeau social, celui de la multitude : la science ou théorie du petit nombre a fait l'ignorance du grand, et altéré l'industrie de tous, tellement qu'aujourd'hui, avec toute notre théorie et tous nos livres élémentaires, nous sommes bien loin dans nos ouvrages de la hardiesse et du grand caractère des anciens, ni de pouvoir entreprendre rien de pareil à ce qu'ils ont exécuté.

Quelles réformes heureuses il y auroit à faire, d'après les observations dans notre prétendu ordre social, ce grand désordre de la raison ! c'est-là ce qui seroit une véritable révolution, le convertissement de mal en bien !

Ce qui est inconcevable, ce sont les raisonnemens que font à cet égard Rousseau et autres philosophes. Aucun d'eux n'a entrepris de nier l'existence des ouvrages merveilleux de ces anciens peuples, attestés par l'histoire sacrée et profane. Que nous disent-ils cependant? d'abord ils représentent tous les hommes vivans épars dans les forêts pendant des milliers de siècles, comme si, de ce que l'Europe, ce pays de frimats, ne fut autrefois que forêts et lacs, on pouvoit en conclure qu'il dût en être de même à l'égard du pays où le genre humain prit naissance, que l'Ecriture nous représente comme le séjour le plus fortuné de la terre, vers la zone où la terre se marie avec le soleil. Là fut le chef-lieu de la nature; c'est-là aussi qu'elle forma et déposa son chef-d'œuvre.

Après avoir fait naître l'homme dans les cloaques des forêts, l'avoir fait naître au milieu des serpens, des panthères et des singes, nos philosophes lui donnent une éducation non moins bizarre. La découverte, par exemple, de l'astronomie n'est due, selon eux, qu'au désœuvrement des pâtres de Chaldée, qui contemploient les astres en gardant les troupeaux.

D'abord, comment ne voit-on que des désœuvrés dans des hommes qui, unissant ainsi les contemplations les plus élevées aux plus grossières occupations, auroient inventé l'astronomie, en gardant les moutons? et comment ne pas comprendre, au contraire, combien il faut en tout cas que les sensations fussent plus énergiques, l'industrie plus active, les connoissances spéculatives plus communes et vulgaires dans des temps où les hommes s'élevoient à de telles contemplations au milieu de leurs travaux rustiques ? Que l'on compare les pâtres de Chaldée de nos jours, d'un côté, à leurs premiers devanciers, d'autre côté, à nos pâtres d'Europe, on les trouvera tout aussi semblables aux derniers que différens des premiers : nouvelle preuve que c'est aux temps bien plus qu'aux lieux que se rapporte la différence.

Quelle devoit être au reste parmi ces premiers hommes la simplicité, l'uniformité des mœurs et du gouvernement, pour que leurs pâtres se rendissent familières les contemplations de nos savans, ou que leurs savans s'adonnassent aux occupations de nos pâtres (1) ?

Le malheur de ces hommes, à la fois pâtres, astronomes, astrologues, etc. fut dans leur

(1) S'il fut jamais une époque où l'on pût espérer de voir renaître parmi des peuples éclairés la simplicité tant célébrée des premiers âges, ce seroit, sans doute, l'époque où nous nous trouvons, si conservant en nous, malgré la corruption de quatorze siècles, assez de force pour ne pas succomber sous les affreuses secousses d'une révolution sans exemple, en un mot, pour nous retirer victorieux d'une refonte aussi générale, nous parvenions à faire régner l'égalité. La révolution, dit-on, a tout renversé, et n'a rien édifié : c'est notre faute ; mais qui pourroit disconvenir qu'aucune nation ne s'est jamais trouvée autant que nous en position d'unir à la connoissance des arts et des sciences des mœurs simples et uniformes et un gouvernement vraiment social ? Si nous ne sentons pas cette position, si nous n'en profitons pas, ce sera notre faute encore.

sabéisme, dans leur idolatrie; ils écoutoient leurs sensations plus que leur raison; mais il n'y a pas jusqu'à cette idolatrie qui, comparée dans la pratique avec celle des Orientaux modernes, ne laisse reconnoître une plus grande énergie dans les sensations des hommes du premier âge. L'on sait, par exemple, que les Orientaux, rapportant tout aux destinées, le *fatum* est chez eux le dieu des dieux; mais dans la jeunesse du genre humain, où les sensations étoient dans toute leur force, l'homme tourmenté du desir de connoître ses destinées, crut les lire dans les astres dont il sentoit les influences. C'est à ce desir d'atteindre à l'arbre de la science, c'est à ce desir, aussi ancien que le genre humain, et non au désœuvrement des pâtres que sont dues l'Astronomie, l'Astrologie, et la Théologie païenne, figure corrompue de la théologie naturelle que le nouvel Adam est venu rétablir dans toute sa pureté et sa sublimité.

Mais bien que les idées des peuples orientaux sur le *fatum* n'ayent point changé, bien qu'ils en fassent toujours leur divinité suprême, les sensations des hommes ayant perdu leur premier feu, leur culte envers le *fatum* présente un résultat tout différent. Loin d'être tourmenté du besoin de lire dans les destinées, leur vœu se réduit à les attendre en paix. Nos destinées, disent-ils, sont réglées.

Cette apathie où ils sont tombés, c'est erreur que de l'attribuer à l'espèce de gouvernement auquel ils sont aujourd'hui soumis. C'est au contraire le gouvernement, auquel ils sont aujourd'hui soumis, qu'il faut attribuer à l'apathie où ils sont tombés. Que l'on choisisse celui qu'on leur croira plus propre que le leur, l'industrie pourroit alors devenir chez eux ce qu'elle est chez les autres peuples contemporains, mais non ce qu'elle étoit chez leurs premiers devanciers. Au reste, ils ont toujours été soumis à un gouvernement plus ou moins despotique; mais quel gouverment a-t-on vu sur la terre, dont le despotisme ait été banni ?

Quoi qu'il en soit, le gouvernement s'accommode à l'esprit des peuples, plus encore que les peuples ne se plient à l'esprit du gouvernement. Les gouvernemens orientaux mettent à profit l'apathie et l'indolence des peuples qu'ils gouvernent, et trouvent leur compte à les y maintenir de plus en plus. Que l'ardeur et l'industrie de ces peuples viennent à se reveiller tout à coup, la politique dés gouvernemens changeroit alors de direction; on les verroit favoriser ce retour d'industrie de manière à y trouver toujours leur compte. Car jusqu'ici le grand objet de tout gouvernement a été de mettre à profit toutes les circonstances; changeants sur tous les autres points, ils sont tous invariables sur celui-là seul.

Que l'on cesse donc d'attribuer au despotisme l'indolence apathique des Egyptiens et des Chaldéens qui furent sous le despotisme

aussi,

aussi, les peuples les plus ardens et les plus industrieux de la terre? L'on ne peut se dissimuler que l'activité des sensations, l'ardeur, l'industrie furent principalement le partage des premiers âges du genre humain, comme il est celui des premiers âges de l'individu. Indépendamment des inductions qui se tirent à cet égard de l'ordre invariable de la nature, nous avons trouvé dans le dogme de la création de l'homme, dans les systêmes des philosophes, et dans celui de Jean-Jacques lui-même, des preuves indestructibles de cette supériorité d'industrie et d'activité des premiers hommes.

Si l'origine prétendue de l'astronomie est absurde, il en est de même de celle de la géométrie attribuée également à des pâtres et à des cultivateurs qui, après chaque débordement du Nil avoient à reconnoître leur terrain à la faveur des bornes et arpentages qu'ils pratiquoient, comme si le besoin de mesurer ne s'étoit fait sentir aux hommes que par rapport au débordement du Nil; comme si des villes, qui furent baties dès le premier âge du monde, celles qui le furent bientôt après le déluge par les enfans de Noé, et les ouvrages de Noé lui-même, et cet édifice prodigieux connu sous le nom de tour de Babel, et l'étonnant édifice qui fut construit sur ces ruines, et la superbe ville qui l'accompagnoit, et tant de monumens antérieurs à la colonie des bords du Nil, ou éloignés de ces pays bas, n'attestoient pas la connoissance des sciences de calcul et de mesurage avant et dans un bien plus haut degré que les arpentages du Nil. Tout au contraire de nos savans, je conclus qu'il a fallu que la géometrie fût connue avant que l'on ait pu entreprendre de rendre les bords du Nil habitables ou cultivables; tout au contraire de nos savans, je conclus que l'astronomie, loin d'être une invention nouvelle, étoit une connoissance vulgaire et ancienne chez ces peuples, où jusqu'aux pâtres s'y adonnoient. J'admire quelle simplicité de vie devoit régner chez des peuples où le savoir et l'industrie s'allioient si bien avec toutes les occupations rustiques. En un mot, comment attribuer l'invention de ces arts et sciences soit aux Chaldéens, Babyloniers, soit aux Egyptiens ou autres peuples formés de la dispersion des enfans et petits-enfans de Noé, puisque Noé lui-même les possédoit au plus haut degré, et qu'il les transmit à ses descendans? Aussi voit-on que selon les calculs de l'histoire, comme selon le récit de l'écriture, toutes ces nations célèbres qui se disputoient d'ancienneté et d'industrie, ont paru sur le théâtre du monde à la même époque, fort peu de temps après le déluge, et du vivant de Noé lui-même; qu'elles paroissent tout d'un coup formées, civilisées et éclairées; l'on y voit l'industrie portée au plus haut degré; l'on voit s'élever dans chacun de ces nouveaux empires et avec une rapidité incroyable des villes, qui, selon ce que tous les auteurs se sont accordés à en dire, surpassoient prodigieusement en grandeur, en magnificence, et dans tout ce qui annonce la richesse et l'industrie, tout ce que l'on a vu dans le moyen âge de villes célèbres, supérieures elles-mêmes aux villes les plus florissantes des modernes.

Observons encore que Babylone, la plus merveilleuse de ces villes, avoit été construite en commun avant la formation de ces empires par ces mêmes hommes qui travaillèrent pendant 40 ans et davantage à cette tour prodigieuse, dont l'idée seule étonne l'imagination, et parmi lesquels enfin se trouvent les constructeurs de ce vaisseau merveilleux qui ne put être exécuté sans une parfaite connoissance des arts.

J'ai prouvé par l'écriture et par l'histoire qu'aucune nation de la seconde dynastie du genre humain ne peut s'attribuer l'invention des arts et des sciences. Ces observations mènent à d'autres qui viennent de plus en plus à l'appui de ma proposition touchant l'altération des connoissances de l'industrie et même du tempérament physique des hommes.

En premier lieu, je vois cette seconde dynastie séparée de la première par un déluge universel qui n'a pu manquer d'altérer les qualités et les végétations du globe, et par conséquent de ces habitans, ainsi que plusieurs historiens profanes en conviennent, indépendamment des preuves qui s'en trouvent dans l'écriture (1).

---

(1) Il est vrai que beaucoup de savans nient l'exis-

En second lieu, l'on voit non seulement l'altération du langage naturel et la formation des langues factices, mais encore l'altération du gouvernement naturel, c'est-à-dire, du gouvernement patriarchal, et la formation du gouvernement factice auquel on a donné le nom de gouvernement civil ou politique.

L'on ne voit point que dans la première dy-

---

tence du déluge universel; ils n'admettent que des déluges partiels. Ils prétendent que le peuple Juif est le seul qui généralise le déluge, et que tous les autres peuples racontent seulement le déluge de leur pays chacun à des époques différentes. Mais d'abord, si l'on s'arrête aux variations des époques dans cette haute antiquité, il faudra rejetter presque tous les faits les plus importans et les plus généralement reconnus de l'histoire ancienne. En second lieu, il n'est pas étonnant que chaque peuple ait raconté le déluge d'après les effets particuliers qu'il avoit pu produire dans le pays qu'habitoit le peuple qui le raconte: Moyse lui-même, dans sa description, ne fait mention spéciale que des montagnes d'Armenie; mais tous entendent, ainsi que Moyse, parler d'un déluge général, puisque tous attestent que tous les hommes furent submergés à l'exception d'un seul ou d'une seule famille. Chaque peuple qui vouloit se faire passer pour le premier peuple de la terre, ne manqua pas de placer chez lui cet homme privilégié; mais cet homme se trouve être celui des enfans ou des petits-enfans de Noé que le pays reconnoissoit pour son fondateur, tel que dans la Grèce Prométhée, Deucalion, Ogigès, fils de Japhet, et petit-fils de Noé, ou Noé lui-même dans le pays qu'il avoit habité ou qui en étoit voisin; tel qu'en Chaldée, en Egypte, en Assyrie, en Phénicie, où la mémoire de Noé, de sa femme et de l'arche étoit consacrée sous le nom d'Osiris, d'Ysis et du vaisseau dont le culte se répandit dans toute l'Europe par les colonies Pheniciennes,

nastie du genre humain il se soit introduit une autre forme de gouvernement que le gouvernement patriarchal. Malgré la corruption où les hommes étoient tombés, les deux branches issues d'Adam, l'une par Caïn, et l'autre par Seth, étant restées unies, les hommes n'eurent point à se choisir de chefs pour se faire la guerre, ni à intervertir l'ordre naturel du gouvernement. Abel n'avoit point laissé de postérité qui eût à venger sa mort sur la postérité de Caïn: Dieu même maudissant Caïn pour le meurtre qu'il avoit commis, déclara qu'il ne vouloit pas qu'on le tuât; il ne l'asservit pas non plus; ses descendans formèrent la branche aînée des hommes; et les descendans de son frère Seth, loin de les méconnoître, s'allièrent avec eux. Les enfans de Seth, que l'écriture

---

et fut encore rappellée parmi nous par le nom et les armes de la ville de Paris (*Parisis*) mot qui signifie l'être parfait, nom que l'Ecriture donne à Noé.

3°. Ces mêmes écrivains, qui n'admettent que des déluges partiels, s'accordent assez à reconnoître celui de Moyse comme le plus considérable, et comme celui qui a donné lieu à la formation entr'autres de la Méditerranée et de la mer Rouge, ce qui fait environ 1500 lieues de long, venant aboutir à la ligne vers le milieu de notre hémisphère. Or je le demande, si l'on peut concevoir une inondation, qui, partant de l'extrémité occidentale de notre hémisphère, puisse parvenir jusqu'au point central, au point le plus élevé, sans que l'hémisphère entier soit inondé; et d'après cette observation, qui me paroît sans replique, je demande ce que deviennent les calculs ridicules où nos savans se sont embarrassés touchant la voie d'eau diluvienne.

appelle les enfans de Dieu, s'étoient perdus eux-mêmes dans l'étude et la communication des astres, comme les enfans de Caïn, appellés les Géans ou Titans, s'étoient perdus dans la recherche des phénomènes du globe qu'ils habitoient. Les uns et les autres ne voyoient plus que la créature au lieu du créateur; leur alliance unissant leurs vices les multiplia encore, et la corruption sur la terre parvint à son comble. Bref, ce fut contre Dieu plutôt qu'envers eux-mêmes que les hommes du premier âge firent la guerre : il fallut le déluge (1)!

Si le gouvernement patriarchal se conserva parmi les hommes de la première dynastie du genre humain, il n'en fut pas de même de la

(1) Cette guerre des hommes contre Dieu n'est mentionnée qu'en fort peu de mots dans l'Ecriture. Loin que Moyse voulût retracer au peuple Juif cette monstrueuse idolatrie qui, jointe à l'excès de la perversité, avoit causé la perte de la première dynastie du genre humain, le principal objet de ses travaux étoit au contraire d'anéantir, s'il étoit possible, jusqu'au souvenir de cette horrible corruption et de cette idolatrie dont il ne s'étoit conservé que trop de restes parmi le peuple Juif, sous le nom entr'autres de Sabéïsme.

Les autres peuples, dont l'origine se reportoit aux enfans de Noé, nés cent ans avant le déluge, avoient bien aussi connoissance de l'histoire de l'ancien monde; mais outre qu'ils ne pouvoient, dans l'état où étoient les langues lors de l'établissement des premières nations, transmettre les faits autrement que par des figures et allégories, la passion que tous ces peuples eurent de se

seconde : la malédiction de Noé contre Caïn et sa postérité souleva Cham et ses enfans

---

faire passer chacun pour le premier peuple de la terre, leur a fait confondre les faits qui leur étoient propres avec ceux de l'ancien monde; de sorte que chacun place dans son pays le combat des Géans contre Jupiter, et le déluge universel.

Si l'on retrouvoit l'étymologie des mots des anciens langages chaldéens, égyptiens, arabes, grecs, etc., l'on trouveroit dans la mythologie les plus grandes lumières sur l'histoire du monde, soit avant le déluge, soit après.

Ceux qui veulent que la guerre des Géans ou Titans de la mythologie soit de pure invention, sans aucune espèce de rapport avec les Géans ennemis de Dieu, dont parle l'Ecriture, disent que le mot Géant, dans le sens de l'Ecriture, signifie des hommes dont la corruption passe toutes les bornes, et non pas des hommes d'une taille démesurée. Cela ne conclut rien du tout; la mythologie nous représente les Géans qui firent la guerre à la Divinité comme des hommes excessivement corrompus. Ainsi que l'Ecriture, la mythologie les représente comme des hommes versés dans les connoissances humaines; ainsi que l'écriture, elle les désigne sous le nom d'enfans de la terre; ainsi que l'écriture, elle leur donne une taille démesurée. Or, quelle que soit l'acception qu'ait retenue par la suite le mot *Géant*, quelle conséquence en peut-on tirer contre des rapports si manifestes et si multipliés?

Il est même facile de voir que si l'épithete de Géant qui s'appliquoit avant le déluge et peut-être aussi dans les premiers siècles qui le suivirent, aux hommes adonnés à la vie licencieuse et aux occupations humaines et terrestres, plus propres à rendre les hommes robustes

contre Noé qui les maudissoit, et contre Sem et Japhet, leurs frères, à qui Noé vouloit les asservir; et il arriva que les hommes descendant de Noé, se séparèrent même de son vivant et 150 ans avant sa mort; que cette séparation est l'époque où la guerre s'introduisit parmi les nations; que de ce fléau il résulta l'introduction d'une nouvelle espèce de gouvernement, celui de la force, de l'usurpation de la tyrannie: tellement que dans le partage, loin que le pays natal, celui au moins que Noé et ses enfans habitoient depuis le déluge, celui où ils venoient de bâtir en commun la ville de Babylone, resta à Noé pour passer de lui à Sem, son fils aîné et chéri. C'est au lieu de cela Nimbrod, petit-fils de Cham, second fils de Noé, et qui en étoit maudit, qui s'empara de Babylone et fonda ainsi le gouvernement du plus fort sur les débris du gouvernement patriarchal, le seul connu jusqu'alors. L'écri-

---

et vigoureux, que cette même épithete, disons-nous, ne s'est plus appliquée dans les siècles postérieurs qu'aux hommes robustes et d'une taille démesurée, c'est que c'est par la petitesse de la taille et la brièveté de la vie que les hommes, descendans de Noé, diffèrent et se distinguent le plus sensiblement des hommes primitifs ou antidiluviens, auxquels ils sont au reste très-ressemblans à l'égard de la vie licencieuse et de l'attache aux choses terrestres. Cette doctrine si pure du christianisme n'empêche pas que les hommes de nos jours ne soient presque tous autant géans pour le moins que les géans d'avant le déluge, à cela près de la taille et de la végétation, à l'égard desquelles nous leur sommes si fort inférieurs.

vain sacré n'entre encore dans presqu'aucun détail sur cet événement important ; mais l'histoire profane, unie à la mythologie, donne à cet égard des éclaircissemens essentiels. Le nom de Babel ou Babylone appartient donc à double titre à la nouvelle ville, puisque cette ville fut l'écueil du gouvernement patriarchal autant que du langage primitif.

Quant au culte de la divinité, il paroît que dans toutes les nations qui se formèrent du vivant même de Noé, aucune ne conserva la mémoire du dieu de ce patriarche ; une branche des descendans de Sem conserva la vie patriarchale : et c'est d'elle dont est venu Abraham. Depuis la construction de la tour de Babel jusqu'à la vocation de ce patriarche, l'écriture ne nous dit rien du culte du vrai dieu.

Quelle fut donc la religion des peuples de la terre après le déluge ? Il est visible que leur histoire sacrée marche avec celle des Juifs et la nôtre depuis la naissance du monde jusqu'à la formation de l'empire de Babylone et des autres empires que fondèrent à la même époque Nimbrod, les autres petits-enfans de Noé. Mais au lieu que Moyse ne nous en parle que comme des hommes, la mythologie en fait des dieux, au lieu que Moyse semble s'attacher à développer la filiation qui va de Seth, fils d'Adam, à Abraham, père du peuple Juif, et qu'il ne nous transmet au reste de tous les principaux événemens qui ont dû avoir lieu pendant ces deux mille ans que ceux qui étoient nécessaires pour la fixation des époques; et en un mot, pour son canevas historique, et que sur-tout il passe avec la plus grande rapidité sur ce qui concerne la descendance de Caïn; au lieu de cela, disons-nous, la mythologie ou histoire sacrée des païens s'étend beaucoup sur la descendance de Caïn, sur les géans ou titans, sur les arts que chacun d'eux cultivoit plus particulièrement, sur leur taille et constitution suprérieure à celle des hommes du second âge, sur leurs horribles déréglemens, sur leur destruction, etc.

Quant à leurs mystères, ils étoient composés de ce qui leur avoit été transmis de la science des astres, dans laquelle les premiers hommes avoient été versés, science qui, ainsi que nous l'avons observé, avoit été très-corrompue, et qui étoit dégénérée en idolâtrie, sur-tout d'après l'alliance des descendans de Seth avec ceux de Caïn.

Voilà donc, dès le commencement du second âge du genre humain, le savoir beaucoup moindre, et l'idolâtrie plus grande, puisqu'ils joignoient à l'idolatrie des astres l'idolâtrie des hommes et même celle des animaux.

Or l'introduction du nouveau genre de gouvernement contribua beaucoup à l'altération de la religion, puisque le chef des hommes ne l'étant plus à titre patriarchal, qui est le droit le plus naturel et le plus invariable, l'étant devenu au contraire par le droit du plus fort, qui n'est point un titre naturel pour conduire les hommes; il fallut bien faire servir la religion à étayer un titre si vicieux et qui a si peu de stabilité, il fallut par conséquent la dénaturer.

Enfin, l'introduction du nouveau genre de gouvernement contribua beaucoup à l'altération de l'industrie parmi les hommes, ainsi que des connoissances qui leur avoient été transmises : les idées, les vues, les intérêts, l'industrie, tout se rapporta au prince et non plus à la famille, ou du moins au prince d'abord et après à la famille, si le prince s'en accommodoit.

Les arts ne se sont plus exercés qu'avec privilège; pour soutenir l'autorité du tyran, il a fallu des troupes, puisque cette autorité n'étoit fondée que sur la force.

Voilà donc une classe d'hommes enlevée à l'industrie, aux arts et aux sciences, et même employée, selon les vues ou caprices du tyran, à gêner l'industrie des autres. Pour que la religion contribue à étayer l'autorité du prince, il a fallu un corps de religionnaires; et au lieu que tout homme anciennement étoit prêtre-sacrificateur et étoit instruit de tout ce qui concerne la religion; il s'établit des mages, des grands-prêtres ou sacrificateurs, des oracles, des initiés; et ces nouveaux fonctionnaires publics du culte devinrent bientôt les seuls dépositaires des dogmes de la religion qu'il fallut tourner à leur intérêt et à celui du prince : nouvelle cause d'altération de la religion et des connoissances qui s'y rapportoient, nouveaux sujets enlevés à l'industrie et aux arts; nouvelles causes d'ignorance de la part des uns, ainsi que de fainéantise et souvent de la part des autres.

Il fallut tant pour le maintien que pour l'exercice du nouveau genre de gouvernement des lois nombreuses et par conséquent un corps de magistrats et de légistes : encore une classe d'hommes ôtée à l'industrie et tout prêts à y apporter des entraves selon les intérêts du prince ; il fallut des finances ; et pour soutenir à-la-fois le luxe du prince et son autorité, il fallut un trésor qui fût abondant ; il fallut en conséquence une sequelle de financiers et de spéculateurs pour la perception et la comptabilité des droits et impôts qui devoient alimenter ce trésor : nouvelle classe ôtée aux arts et aux sciences. De plus la considération ne résidant que là où la force et l'autorité se trouvent réunies et cette autorité, cette force, se trouvent réunies dans les mains du prince, de ses troupes, des prêtres, des magistrats, des financiers, il n'a plus resté aux arts de considération réelle, mais seulement une considération empruntée, selon que le prince et les autres hommes en place étoient portés par goût ou par intérêt à les faire valoir. Que l'on joigne toutes ces causes dépendantes du nouveau genre de gouvernement à toutes celles que nous avons exposées plus haut, et que l'on juge combien les arts ont dû se détériorer, combien de connoissances anciennes sont insensiblement perdues. Il est donc prouvé que soit que l'on se renferme dans le dogme de la création, soit que l'on s'attache à la filiation adoptée par Jean-Jacques, l'on trouve que l'industrie et les arts furent principalement le partage des premiers hommes, avec cette différence que ce fut, selon le dogme, à cause que l'homme fut créé à l'image du grand architecte de l'univers; au lieu que, selon la généalogie philosophique, ce fut parce qu'il se trouva formé à l'image de tous les animaux, et qu'il fut un animal universel et superfin, doué d'une qualité exquise et supérieure, qui lui rendoit propre l'instinct de toutes les espèces d'animaux, et pouvoit même l'élever fort au-dessus.

Mais quelle peut être cette qualité égale et même supérieure à tous les instincts réunis des aimaux, si ce n'est l'intelligence, la raison? Comment, d'un autre côté, l'homme peut-il être dit créé à l'image de Dieu, si ce n'est parce qu'il est doué d'intelligence et de raison? Or, cette intelligence, cette raison, cette émanation du souffle divin, qui, selon les propres termes de l'Ecriture, fait de l'homme l'image de Dieu sur la terre; cette faculté supérieure qui, selon l'aveu auquel J. Jacques est forcé, élève l'homme si fort au-dessus de tous les animaux réunis, quelque admirables que soient les diverses propriétés de leurs instincts, qui, en un mot, le fait participer seul à la *parole*, au *verbe*, tient, je le répéte, à une toute autre destination que celle d'attacher l'homme aux arts ou sciences purement humaines. C'est moins la nature que son auteur qui doit être l'objet de l'étude de l'homme ; et puisque l'auteur de la nature est l'intelligence, la raison universelle, c'est en s'étudiant soi-même que l'homme, le seul être sur la terre qui participe à l'intelligence et à la raison, peut remonter à l'auteur de la nature, et se rallier à lui. C'est-là proprement la science à laquelle l'homme est destiné; l'étude des autres sciences ou arts, en un mot, de la nature, n'est bonne qu'autant qu'elle ramène l'homme à l'homme et à son auteur en qui réside la parole et le verbe universel.

Or, je demande si, à cet égard, la formation des langues n'a pas jusqu'ici plus nui aux hommes qu'elle ne leur a servi : s'étant rendus maîtres en quelque sorte de la nature avant la formation des langues, par leur industrie, mais appelés à se rendre maîtres d'eux-mêmes, par l'empire de la raison, par le développement de la *parole*, ont-ils fait servir à cette importânte destination la science des langues?

Jean-Jacques, sur ce sujet, nous dit que les langues ne sont devenues nécessaires que pour persuader les hommes assemblés.

Mais s'il est incontestable que l'effet des passions dispose les hommes à se laisser persuader bien plus facilement le faux que le vrai, qu'un sophiste a généralement plus beau jeu, sur-tout vis-à-vis des hommes rassemblés, que celui qui ne parle que le langage de la raison, et qu'il y ait infiniment plus de sophistes que d'hommes raisonnables, que de philosophes, il s'en faut que les langues formées par les hommes pour persuader, comme le dit Rousseau, la multitude, peuvent plus facilement servir à obscurcir la vérité aux yeux des hommes, qu'à la leur présenter en naturel, à les égarer, qu'à les guider et les maintenir dans les voies de la raison.

Joignons à ce que dit Rousseau, l'exemple de Rousseau même. Nous avons vu l'histoire de son inspiration. Il nous a dit que s'il avoit pu écrire le quart seulement de ce qu'il avoit vu et senti sous l'arbre de Vincennes, il eût exposé avec une force incroyable les abus de nos institutions, et que tout ce qu'il a pu retenir de ces foules de grandes vérités qui l'illuminèrent pendant une demi-heure, est foiblement épars dans les trois principaux de ses écrits.

Or, puisque non-seulement il ne put retenir qu'une petite partie de ce qui lui fut révélé, mais encore qu'il n'a pu rendre que foiblement ce qu'il a pu retenir, il en résulte bien clairement que la parole ne fut point développée dans Rousseau, quoiqu'il possédât à un degré supérieur ce que l'on appelle vulgairement l'art de parler ou d'écrire. L'on voit donc que ce que l'on appelle l'art de parler ou d'écrire, en un mot, la science des langues, est insuffisante à développer chez l'homme la parole. En effet, la parole se développe par le parole même, et non par le méchanisme des sciences : la parole est inséparable de la vérité. Mentir, c'est attaquer la *paroles*; car il n'y a pas deux paroles au monde.

Si Jean-Jacques eût été un véritable ami de la vérité, son imagination échauffée au point qu'il le dit, à quelle que cause même qu'il l'imputât, eût produit les plus heureux effets : dans cet enthousiasme, qui le transporta pendant douze ans de suite, on eût vu Jean-Jacques transformé en un autre homme; il eût moins exercé dans ses écrits l'art de parler; mais ses écrits seroient pleins de la *parole* ; et si l'on n'y eût pas moins vu cette espèce de désordre, souvent inséparable d'une imagination exaltée autant que de l'imperfection de nos langues, l'on n'y eût pas vu au moins ces contradictions, ces absurdités qui en rendent la lecture si pénible, et quelquefois si révoltante. Enfin, avec quelqu'abondance que la parole et le verbe eussent été répandus dans ses écrits, ils l'eussent été bien davantage dans ses actions; sa vie seroit la plus belle des instructions qu'il eût donnée aux hommes, et le supplément le plus précieux de ce que son esprit n'eût pu rendre dans ses écrits.

Mais

Mais cet homme n'ayant point été véritablement ami de la vérité, et le talent de parler, la science du langage qu'il possédoit, lui donnant la facilité de rendre spécieux toutes sortes de sophismes qu'il accommodoit à ses passions, de revêtir le mensonge des couleurs de la vérité, il s'en tint à ce misérable talent, et préféra la tâche, facile pour tout sophiste adroit, de paroître philosophe, à celle si difficile de le devenir.

Ainsi donc, puisque, malgré l'art oratoire que Rousseau possédoit au suprême degré, il n'a pu, de son propre aveu, exprimer ces vérités dont il prétend que son esprit étoit illuminé, et que ce même art oratoire ne lui a servi qu'à attaquer la parole par l'erreur et le mensonge, semés avec art dans ses sophistiques écrits, il est donc manifeste que l'art oratoire, la science des langues a plus nui que servi chez lui au développement de la parole; et puisque nous avons fait voir que cela n'a pu arriver que parce qu'il n'étoit pas un ami de la vérité, il en résulte donc que la science des langues, l'art oratoire, sans l'amour de la vérité, nuit au lieu de servir au développement de la parole; et puisqu'enfin il est incontestable que l'art de discourir est bien plus répandu que l'amour de la vérité, que même l'on a vu de tout temps les sophistes, les détracteurs de la vérité, et par conséquent de la parole, se multiplier en raison de la propagation de l'art oratoire et du progrès des langues, il est donc vrai de dire que jusqu'ici la science des langues formées par les hommes, a plus nui chez eux que servi au développement de la *parole*.

Ce ne peut être cependant que pour le développement de la parole que l'homme ait reçu la faculté de former des langues : elles ne furent point nécessaires à l'homme pour la vie animale, ni pour les arts qui s'y rapportent; c'est ce que nous venons de prouver par l'écriture, la mythologie, l'histoire, et même par les inductions et conséquences qui se déduisent du système de Rousseau contre le système de Rousseau même.

Elles ne devinrent nécessaires, selon Rousseau que pour persuader les hommes assemblés; et la faculté de persuader les hommes assemblés, est supérieure à toutes les propriétés animales; elle est purement du ressort de l'intelligence.

Elles ne devinrent nécessaires, selon l'écriture, que lorsque les hommes s'assemblèrent pour entreprendre un ouvrage qui rendît à jamais leur nom célèbre; ils voulurent donc persuader non-seulement les hommes assemblés, mais même toutes les générations réunies, entreprise très- supérieure sans doute à toutes les propriétés, ainsi qu'à tous les besoins de la vie animale. Il est donc vrai de dire que selon les propres assertions de Rousseau, comme selon l'écriture, la formation des langues n'eut point pour objet la vie animale, qu'elle eut, au contraire, pour objet l'exercice de l'intelligence, de la raison, le développement de la parole chez l'homme; et c'est parce que les hommes ont plus fait servir leurs langues aux objets qui tiennent à la vie animale, qu'à l'exercice de leur intelligence, de leur raison que les langues ont plus nui que servi au développement de la parole.

Il faut observer, d'un autre côté, que les langues formées par les nations, n'ont qu'une vie limitée comme celle des nations mêmes, et qu'elles éprouvent toutes les vicissitudes des mœurs et du régime social.

Il est donc facile de juger par la nature des progrès de l'état social quelle est l'espèce de progrès que l'on doit attribuer aux langues. Les progrès des langues sont toujours accompagnés de la détérioration du langage, de même que ceux de l'état social, sont toujours aux dépens de la simplicité des premiers âges.

De-là vient qu'il n'a point encore existé de langue finie, non plus que de société achevée.

Il est évident que l'homme a exercé sa parole en tout ce qui tient à ses facultés naturelles, avant d'en être venu à la formation des langues; qu'il a eu la faculté de pourvoir à tous ses besoins sans le secours des langues factices; que par conséquent tous les arts, en ce qui tient aux facultés naturelles de l'homme, ont dû être pratiqués avant la formation des langues. D'où il résulte que ce sont les langues qui dérivent des arts, et non pas les arts qui dérivent des langues.

L'homme a été chasseur, pêcheur, agriculteur, architecte, géomètre, astronome, peintre, musicien, poëte, avant d'être grammairien, et littérateur avant d'avoir inventé des langues. Ce n'est même que par l'effet de la pratique des arts que s'est formée la théorie; tout dut être figure, jusqu'au chant dans le premier langage : aussi, est-il reconnu que les écrivains tant sacrés que profanes, pourroient tenir le premier rang parmi les chantres et les poëtes. Qui ne sait, par exemple, combien les écrits qui nous restent des Hébreux, sont harmonieux, poétiques et énergiques? Cependant, nous n'avons point de langue vivante plus pauvre en apparence, que l'ancien hébreu.

La langue chaldéenne, dont l'hébraïque tiroit son origine, passoit pour plus pauvre encore; et l'on sait toutefois que les caractères hiéroglyphiques des premières dynasties de Chaldée et d'Egypte furent dans les dynasties suivantes, ainsi que chez les Grecs et autres peuples du Paganisme, les livres de sciences, dont les Mages et grands prêtres et autres initiés avoient seuls conservé la connoissance: aussi les oracles se rendoient en style figuré, et devenu énigmatique pour ces peuples du moyen âge, après avoir été vulgaire chez ceux du premier.

La langue anti-diluvienne, quoique plus

serrée sans doute, étoit plus parlante encore, plus poëtique et plus expressive; et s'il étoit possible que quelqu'un retrouvât le langage primitif, celui-là seroit à nos yeux un oracle, un inspiré.

Les langues se détériorèrent de plus en plus par la perte de l'étymologie des mots, dont la signification est intervertie par l'usage, à mesure que la langue s'étend. Nous avons déjà eu occasion d'en faire la remarque au sujet, entre autres, des mots *équité*, *justice*, *égalité*, *humanité*, *tradition*, *religion*, *création*, etc. et nous trouvons ici qu'il n'y a pas jusqu'au mot langue, et ceux qui s'y rapportent, dont la signification ne soit de même intervertie; car, *verbe*, *parole*, *langue*, *langage*, *idiome*, *dialecte*, *patois*, *jargon*, etc. tous ces mots ont leur signification très-distincte, et nous les confondons; nous prenons souvent langage pour langue, jargon pour langage, l'idiome pour le dialecte (1), et le mot verbe ne se trouve plus que chez nos théologiens et

---

(1) Il y a mieux, je trouve dans le Dictionnaire Encyclopédique *dialecte* et *idiome* sont synonymes, et au mot *idiome* je trouve *idiome et dialecte ne sont pas synonymes*. Depuis que l'Ouvrage que j'entreprends m'a mis dans le cas d'ouvrir l'Encyclopédie, il m'est déjà tombé sous les yeux plus d'une contradiction et plusieurs autres fautes de cette espèce.

Il est vrai qu'une quantité de Collaborateurs ayant travaillé à cet immense Ouvrage, l'article dialecte

nos grammairiens. D'où l'on voit que par une confusion étrange de la parole, le mot langue qui n'a qu'une signification particulière, s'étend, par l'usage, à tout ce qui a rapport à la parole, tandis que le mot verbe qui s'étend à tout ce qui a rapport à la parole, n'a conservé dans l'usage qu'une signification particulière.

On trouveroit les mêmes changemens et interversions à l'égard de la plupart des mots les plus anciens et des termes fondamentaux.

On trouveroit que dans les siècles nommés barbares, la langue est plus naïve et plus expressive; et que dans les siècles regardés comme civilisés, elle est devenue toute so-

---

peut avoir été fait par tel Auteur, et l'article idiome par tel autre; mais cette discordance entre des personnes aussi instruites que les Collaborateurs de l'Encyclopédie, et sur des mots aussi familiers que *dialecte* et *idiome*, à une époque sur-tout où la langue passe pour être à son point de perfection, vient encore à l'appui de ce que je dis sur la confusion des langues.

J'observerai ici par occasion, que l'Encyclopédie étant le dictionnaire raisonné des arts, des sciences et des métiers; il faudroit pour que cet ouvrage répondit mieux à sa dénomination, qu'il réunit tout ce que l'on a pu conserver des étymologies des mots: quel nouveau jour la recherche de ces étymologies, répandroit sur les sciences et sur toutes les connoissances humaines! observons encore que, pour faciliter l'usage de l'Encyclopédie, et la recherche des mots dans un ouvrage si volumineux, il seroit bon de mettre au haut des pages quatre lettres indicatives, au lieu de trois qui suffisent pour les dictionnaires ordinaires.

phistique. Dans les premiers siècles, on voit un principe de civilisation sous des formes barbares; et dans les derniers, un fond de barbarie sous des formes de civilisation. En un mot, comme si l'homme étoit borné à n'acquérir d'un côté que pour perdre de l'autre, la langue semble plus riche et le langage est plus confus : c'est alors que les sophistes, les imposteurs sont dans leur règne, et telles nations renommées ont échappé, pendant bien des siècles, aux abus de leur gouvernement et aux plus affreux désastres, qui succombent avec une rapidité étonnante sous la funeste influence des sophistes factieux qui s'annoncent pour venir, la parole à la main, répandre de nouvelles lumières. C'est ainsi que les peuples les plus éclairés ont fini par être dispersés et désorganisés, dès-que, par leur habileté prétendue à parler, ils ont cessé de s'entendre.

Mais les ténèbres doivent faire place à la lumière par le développement de la parole.

Jean-Jacques, après avoir, ainsi que nous l'avons vu, épuisé son imagination pour persuader que les langues n'ont pu se former par des moyens purement humains, conclut ainsi qu'il suit :

» Quant à moi, dit-il, effrayé des difficultés « qui se multiplient, et convaincu de l'impos- « sibilité presque démontrée, que les langues « aient pu naître et s'établir par des moyens « purement humains, je laisse à qui voudra

« l'entreprendre, la solution de ce difficile « problême, lequel a été le plus nécessaire de « la société, déjà liée à l'institution des lan- « gues, ou des langues déjà inventées à la « formation de la société «.

Jean-Jacques a rejetté les moyens surnaturels; actuellement il rejette les moyens purement humains: il a reconnu, avec tout le monde, que la société des hommes existoit avant la formation des langues. Il demande actuellement si les langues n'ont pas existé avant la société des hommes.

Et c'est à travers ces contradictions qu'il passe à l'objet qu'il avoit principalement en vue, celui de nous persuader que l'homme est naturellement insociable.

» Quoi qu'il en soit, dit-il, de ces ori- « gines, on voit du moins, au peu de soin « qu'a pris la nature de rapprocher les hom- « mes par des besoins naturels, et de leur « faciliter l'usage de la parole, combien elle « a peu préparé leur sociabilité, et combien « elle a peu mis du sien dans tout ce qu'ils « ont fait pour en établir les liens «.

Nous y voilà. Jean-Jacques ne vouloit absolument pas que l'homme fût sociable, parce que Jean-Jacques ne l'étoit pas. Toujours son excessive vanité lui fit chercher à naturaliser ses défauts et à diviniser ses vices.

» Il est impossible, poursuit-il, d'ima- « giner pourquoi, dans l'état primitif un

« homme auroit plutôt besoin d'un autre « homme, qu'un singe ou un loup de son « semblable ».

Sans examiner à quel point un singe ou un loup a besoin de son semblable, sans chercher à prouver que toutes les espèces, loin de se perpétuer, concourroient à se détruire elles-mêmes comme elles détruisent les autres espèces d'animaux, si la nature n'avoit pas établi envers chacune d'elles le genre de sociabilité nécessaire pour remplir ses vues ; sans entrer, disons-nous, dans cet examen, voyons comment Jean-Jacques justifiera le choix qu'il fait, précisément parmi les animaux les plus malfaisans, pour un point de comparaison avec l'homme naturel, qu'il soutient ailleurs essentiellement bon.

« Il paroît d'abord, dit-il, que les hommes dans cet état n'ayant entre eux aucune sorte de relation morale ni de devoirs « connus, ne pouvoient être ni bons, ni méchans, et n'avoir ni vices, ni vertus, à moins « que prenant ces mots dans un sens physique, « l'on n'appelle vices dans l'individu les qualités qui peuvent nuire à sa conservation, « et vertus celles qui peuvent y contribuer, « auquel cas il faudroit appeller le plus vertueux celui qui résisteroit le moins aux impulsions de la nature ».

Mais ne savoir pas résister aux impulsions de la nature, c'est être réduit à l'état de brutalité. Donc Jean-Jacques ne reconnoît pour bon et vertueux l'homme primitif qu'autant qu'il est réduit à l'état de brutalité. Cette bonté est très-semblable, en effet, à celle du loup et autres animaux féroces auxquels Jean-Jacques compare l'homme.

« Mandeville a bien senti, continue Jean-« Jacques, qu'avec toute leur morale les « hommes n'eussent été que des monstres, « si la nature ne leur eût donné la pitié à l'ap-« pui de la raison; mais il n'a pas vu que de « cette seule qualité découlent toutes les vertus « sociales qu'il veut disputer aux hommes ».

Jean-Jacques a bien senti que l'homme est naturellement doué de toutes les vertus sociales; mais Jean-Jacques n'a pas vu qu'être doué naturellement de toutes les vertus sociales, c'est être naturellement doué de la sociabilité.

Ceci offre encore un des cercles vicieux, si fréquens dans Jean-Jacques. S'il veut démontrer que l'homme est naturellement insociable, il en fait une espèce de monstre; s'il veut prouver que l'homme n'est pas un monstre, qu'il est, au contraire, naturellement bon, il en fait un être naturellement sociable.

« La commisération, continue-t-il, sera » d'autant plus énergique, que l'animal » spectateur s'identifiera davantage avec l'a-» nimal souffrant; or il est évident que cette

» identification a dû être infiniment plus » étroite dans l'état naturel que dans l'état » de raisonnement ».

Ainsi, selon le Rousseau de la page 60, l'homme, dans l'état de nature, n'a aucune sociabilité, et selon le Rousseau de la page 72, l'homme a plus de sociabilité dans l'état de nature que dans l'état de raisonnement.

« C'est, continue Jean-Jacques, la rai- » son qui engendre l'amour-propre, c'est » la réflexion qui replie l'homme sur lui- » même, et le sépare de tout ce qui le gêne » ou l'afflige; c'est la philosophie qui l'isole; » c'est par elle qu'il dit en secret, à l'aspect » de l'être souffrant: Péris si tu veux, je suis » en sûreté ».

Sans doute le philosophe Jean-Jacques n'a pas parlé de la sorte sur la philosophie, sans s'isoler aussi des autres philosophes, qui apparemment le gênoient ou l'affligeoient. Quoi qu'il en soit, nous le voyons dans ses confessions rejeter la violence de cette diatribe sur l'humeur noire qui le dominoit, et plus encore sur les conseils d'un autre philosophe, qu'il nous dépeint comme étant bien plus atrabilaire encore que lui. Laissons messieurs les philosophes faire à leur gré les honneurs de leur philosophie; mais pour ce qui est de la simple raison, comment peut-on lui faire à la fois le reproche, et de réunir les hommes et de les isoler?

Quoi qu'il en soit, voici le secret que le philosophe sait mettre en usage pour écarter de lui la pitié, lorsqu'on égorge son semblable sous sa fenêtre.

« Il n'a qu'à, dit Jean-Jacques, mettre « ses mains sur ses oreilles, et s'argumenter « un peu ».

MM. les philosophes ont là un beau secret, vraiment ; il faut que ce soit un d'entre eux qui nous le révèle pour que nous puissions y croire.

« L'homme sauvage, poursuit Jean-Jacques ; « n'a point cet admirable talent, et faute « de sagesse et de raison, on le voit tou- « jours se livrer étourdiment au premier sen- « timent de l'humanité ».

On auroit pu chercher à se persuader que Jean-Jacques, attribuant à la raison tous les défauts et les vices des hommes, n'entendoit parler que des écarts de la raison, mais il n'est pas possible de s'y méprendre ; c'est bien de la droite raison qu'il parle, il y associe même la sagesse, et nous voyons que la raison et la sagesse ôtent à l'homme, selon Jean-Jacques, jusqu'au premier sentiment d'humanité. Enfin il n'y a, selon l'expression de cet homme populaire, que la canaille qui sépare les honnêtes gens qui s'égorgent.

Jean-Jacques passant ainsi, et toujours progressivement, d'extravagances en extravagances, nous apprend encore que dans le cas où il prît fantaisie au philosophe de ne pas se borner à voir égorger son semblable, et de trouver qu'il lui seroit utile de l'égorger lui-même, il le peut, par principe de pitié et de bonté naturelle.

« C'est elle, dit Jean-Jacques (la pitié naturelle), qui, au lieu de cette maxime sublime de justice raisonnée : *Fais à autrui comme tu veux qu'on te fasse*, inspire à tous les hommes cette autre maxime de bonté naturelle, moins parfaite, mais plus utile peut-être : *Fais ton bien avec le moins de mal d'autrui possible.*

D'abord, puisque ce précepte : *Fais à autrui comme tu veux qu'on te fasse*, est une maxime sublime de justice raisonnée, ce n'est donc pas comme le disoit Jean-Jacques, deux pages plus haut, la raison qui isole l'homme, le replie sur lui-même, et lui fait dire en secret, à l'aspect de l'être souffrant : *péris si tu veux, je suis en sûreté.* La contradiction où tombe ici Jean-Jacques a donc au moins cela de bon qu'elle disculpe la raison qu'il calomnioit suivant sa coutume. L'on voit en outre que cette maxime de pitié et de bonté naturelle de la façon de Jean-Jacques : « Fais ton bien avec le » moins de mal d'autrui possible, ou fais pour » ton bien, le mal d'autrui, s'il est nécessaire » ; est précisément la maxime de pitié et de bonté naturelle des brigands ; et l'on doit réhabiliter la mémoire des plus grands scélérats, si l'on parvient à démontrer que la maxime vomie par Jean-Jacques est celle des honnêtes gens.

Il faut voir ensuite comment Jean-Jacques, voulant prouver la parfaite tranquillité d'ame, l'heureux état de paix, l'entière ataraxie de son homme naturel, obligé toutefois d'avouer qu'il est exposé à de fréquentes disputes au sujet de la pâture, veut, nonobstant cela, nous persuader que ces disputes ne troublent point l'ataraxie des hommes naturels, même en les jettant dans une furie semblable à celle du chien qui mord la pierre, et qu'ils ne songent pas même à la vengeance, parce qu'ils n'ont pas une véritable idée de la justice.

On avoit pensé jusqu'à présent que les principes de la justice étoient propres à amortir les idées de la vengeance, et non pas à les faire naître. Ainsi, lorsque l'on voit l'animal si vindicatif, l'on doit en conclure qu'il a cette véritable idée de justice que Jean-Jacques refuse ici de nouveau à l'homme de la nature.

Quoi qu'il en soit, Jean-Jacques, conjecturant, tantôt qu'il est probable que l'homme peut se livrer à la furie du chien, pourvu que ce ne soit pas avec une intention dirigée à la vengeance, tantôt qu'il est probable que l'on peut, par principe de bonté naturelle, faire le mal d'autrui, pourvu que ce soit en intention de son propre avantage, ne renferme-t-il pas sa nouvelle doctrine dans le plus brutal égoïsme?

Au surplus, dit Jean-Jacques, l'homme naturel est en paix avec toute la nature, quand il a dîné; et puis, par une de ses contradictions ordinaires, il annonce un autre sujet de dispute bien plus dangereux que la pâture. Ce sujet de dispute, c'est l'amour, « passion » ardente, dit-il, impétueuse, qui rend un » sexe nécessaire à l'autre; passion terrible » qui brave tous les dangers, renverse tous » les obstacles et qui, dans ses fureurs, semble » propre à détruire le genre-humain qu'elle » est destinée à conserver ».

» C'est, pour le coup, qu'il faut voir comment, malgré ce nouveau sujet de discorde et de fureur, joint à celui de la pâture, l'homme naturel de Jean-Jacques conserve son ataraxie, sa parfaite tranquillité d'ame; Jean-Jacques lui-même se fait cette question : *Que deviendront*, dit-il, *les hommes en proie à cette rage effrénée et brutale, sans pudeur, sans retenue, et se disputant chaque jour leurs amours au prix de leur sang?*

Avant de se répondre, Jean-Jacques s'interrompt lui-même par l'observation suivante :

« Il faut convenir d'abord, dit-il, que » plus les passions sont violentes, plus » les loix sont nécessaires pour les contenir ».

Voilà donc les loix reconnues nécessaires pour réprimer la violence des passions.

« Mais, continue Jean-Jacques, outre que « les désordres et les crimes que celles-« ci (les passions) causent tous les jours « parmi nous, montrent assez l'insuffisance « des loix à cet égard, il seroit bon d'exa-« miner si les désordres des passions ne sont « pas nés avec les loix mêmes ».

Les loix sont nécessaires pour réprimer *la* violence des passions, et cependant il est bon d'examiner si ce n'est pas avec les loix que sont nés les désordres des passions : voilà qui est une énigme pour moi. Jean-Jacques voudroit-il nous dire que cette rage effrénée et brutale de l'amour qui faisoit répandre tant de sang, n'étoit pas un désordre dans l'état de nature ? La suite sans doute va nous apprendre ce qui en est.

« Commençons, dit Jean-Jacques, par dis-« tinguer le physique du moral dans le sen-« timent de l'amour ».

Voilà Jean-Jacques dans un travail bien pénible. De la rage effrénée et brutale à laquelle les hommes primitifs sont en proie dans leurs amours, nous l'avons vu passer à la nécessité d'établir des loix pour contenir la violence des passions, proposer ensuite d'examiner si les désordres des passions ne sont pas nés avec les loix mêmes; et pour préparer la solution de cette question bizarre, il faut, selon lui, commencer par distinguer l'amour physique et l'amour moral. Pour moi, je n'entrevois pas comment tout cet entortillage pourra

pourra le conduire à purger l'homme primitif de la rage effrénée et brutale de l'amour, ou à prouver que cette rage n'est pas un désordre dans l'état primitif.

« Le physique, continue Jean-Jacques, est » ce desir général qui porte un sexe à s'unir » à l'autre; le moral, est ce qui détermine ce » desir et le fixe sur un seul objet exclusive- » ment, ou qui du moins lui donne, pour cet » objet préféré, un plus grand degré d'éner- » gie ».

» Or, il est facile de voir, poursuit-il, que » le moral de l'amour est un sentiment factice, » né de l'usage de la société, et célébré par » les femmes avec beaucoup d'habileté et de » soin pour établir leur empire, et rendre do- » minans le sexe qui devoit obéir ».

Arrêtons encore ici Jean-Jacques. Ne perdons pas de vue ce qu'il nous a dit, que cette passion terrible, cette rage effrénée qui, dans ses fureurs, semble propre à détruire le genre humain, est cette même passion ardente, impétueuse, *qui rend un sexe nécessaire à l'autre, et semble destinée à conserver le genre-humain.* Or, c'est de cette passion ardente, de cet amour physique qu'il s'agit, et non pas du commerce de galanterie introduit dans la société, et qui de plus, aux traits sous lequel le dépeint Jean-Jacques, ne peut pas être pris même pour l'amour moral, dont, en un mot, on ne peut confondre les feux folets, ni avec les ardeurs impétueuses de l'amour physique, ni avec le délire ravissant de l'amour moral.

Observons à ce sujet qu'il paroît que MM. les philosophes ne s'accordent pas mieux sur l'amour que sur le reste. Platon vouloit, nous dit-on, que l'amour moral méritât seul le nom d'amour, et que l'amour physique ne fût que le partage des bêtes. Jean-Jacques soutient qu'il n'existe réellement que l'amour physique, et que ce qu'on appelle moral n'est que pour des dupes, et n'est qu'un sentiment factice, célébré par les femmes coquettes.

Nous ne suivrons pas Jean-Jacques dans tous les raisonnemens absurdes qu'il débite pour nous persuader que son homme sauvage, quoique borné, selon lui, au seul amour physique, n'écoutant que le tempérament qu'il a reçu de la nature, et si ardent que toute femme est bonne pour lui, n'est point, malgré tout cela, sujet aux ardeurs impétueuses de l'amour; mais craignant qu'on ne lui objecte l'exemple des animaux, que lui-même invoque, et qui, sans amour factice, ne laissent pas de faire retentir les forêts de leurs cris, et de livrer des combats sanglans pour la possession des femelles, il nous avertit qu'il ne faut pas en conclure « que la même chose arriveroit à » l'homme dans l'état de nature; et que lors » même que l'on pourroit tirer cette conclu- » sion, comme ces dissentions ne détruisent » point ces autres espèces, on doit penser au

» moins qu'elles ne seroient pas plus funestes » à la nôtre ».

Voilà qui est tout-à-fait consolant pour l'espèce humaine; et voilà les hommes avertis qu'ils peuvent se battre comme des taureaux pour la femelle, sans appréhender que pour cela l'espèce entière soit anéantie. Mais il n'est pas du tout question de rassurer les hommes sur la conservation de l'espèce en général. On sait qu'ils peuvent se faire toutes sortes de maux, qu'ils peuvent commettre toutes sortes de désordres, hors celui de détruire la généralité de l'espèce. Ce dont il est question ici, c'est de savoir comment il se pourroit que ce fussent les lois qui eussent fait naître les désordres des passions, comme Rousseau veut nous le persuader, tandis que, selon le même Rousseau, c'est la violence des passions qui a rendu les lois nécessaires. Mais écoutons Rousseau jusqu'au bout.

» Est-il très-apparent, continue-t-il, » qu'elles y causeroient (ces dissentions) encore moins de ravages qu'elles ne font dans » la société, sur-tout dans les pays où les » mœurs étant encore comptées pour quelque » chose, la jalousie des amans et la vengeance » des époux causent chaque jour des duels, » des meurtres, et pis encore; où le devoir » d'une éternelle fidélité ne sert qu'à faire des » adultères, et où les lois mêmes de la conti- » nence et de l'honneur étendent nécessaire-

» ment la débauche, et multiplient les avor-
» temens » ?

C'est ainsi que Jean-Jacques décide la question ; c'est ainsi qu'il fait voir que si la violence des passions a rendu les lois nécessaires, ce sont les lois qui ont fait naître les désordres des passions.

D'abord, quant au raisonnement, il renferme un cercle vicieux manifeste ; car la violence des passions n'a pu rendre les lois nécessaires qu'à cause des désordres qui en résultoient : donc ces désordres étoient nés avant les lois faites pour les réprimer ; et quant à la partie de la morale, il faut mettre les maux et les désordres qu'excitent les mœurs, le devoir de la fidélité, les lois de la continence et de l'honneur, à côté de ceux qu'excitent, comme nous l'avons vu, la raison, la justice, la sagesse, etc. ; et l'on jugera facilement toute la sublimité de la morale de notre philosophie. On nous dit que Jean-Jacques passa toute sa vie à gourmander les vices, à rappeller les hommes à la raison : pour moi, je ne l'ai encore vu jusqu'à présent que jettant feu et flamme contre les vertus et contre la raison.

Que l'on considère toutes les maximes monstrueuses qui forment la morale de Jean-Jacques, que l'on fasse le rapprochement de cette morale avec le contenu de ses confessions, ne diroit-on pas que lorsque Jean-Jacques composa ses livres de morale, il voulut justifier l'histoire de sa vie ; et qu'ensuite lorsqu'il se se détermina à écrire l'histoire de sa vie, il voulut appuyer les principes de sa morale ?

« Concluons, continue Jean-Jacques, qu'é-
» tant dans les forêts sans industrie, sans
» parole, sans guerre et sans liaisons, sans
» nul besoin de ses semblables, sans nul desir
» de leur nuire, peut être même sans en re-
» connoître aucun individuellement, l'homme
» sauvage ne sentoit que ses besoins. Si par
» hasard il faisoit quelque découverte, il pou-
» voit d'autant moins la communiquer, qu'il
» ne reconnoissoit pas même ses enfans. Il n'y
» avoit ni éducation, ni progrès, les généra-
» tions se multiplioient inutilement, et chacun
» partant toujours du même point, les siècles
» s'écouloient dans toute la grossiéreté des
» premiers âges ».

Cette conclusion de Jean-Jacques demande à être suivie pied à pied. L'homme *sans industrie :* mais il nous le représente comme en ayant assez pour lui tenir lieu d'abord de l'instinct qui lui manque, et ensuite l'élever fort au-dessus. *Sans parole :* mais l'homme avoit naturellement, nous a-t-il dit, le langage le plus énergique. *Sans guerre* : il nous a dit, il est vrai, que quand il avoit dîné il étoit en paix avec toute la nature ; mais il étoit en guerre aussi avec toute la nature pour avoir son dîner, et son dîner sans doute revenoit tous les jours, sans compter ses luttes avec les ours et autres bêtes féroces, qui vraisemblablement ne consultoient pas l'heure de son dîner, sans compter encore les dissentions qu'occasionnoit au moins l'amour physique, et qui venoit troubler par fois sa digestion. *Sans liaison :* quoi ! pas même avec sa femelle. *Sans nul besoin de ses semblables :* il nous a dit qu'il en avoit besoin au moins comme les loups. *Sans nul desir de leur nuire :* si ce n'est toutes les fois qu'il y trouvoit son intérêt; n'oublions pas sa maxime de bonté naturelle. *Sans peut-être en reconnoître aucun, pas même ses enfans :* quoi ! il les élevoit dans leur enfance ; il avoit à son tour besoin de leur secours dans sa vieillesse; et il ne les reconnoissoit pas ? *Il n'y avoit ni éducation ni progrès :* et sa perfectibilité, la voilà donc oubliée. *Les générations partant toujours du même point, les siècles s'écouloient dans toute la grossièreté des premiers âges :* si cela étoit vrai, les hommes seroient encore dans toute la grossiéreté des premiers âges.

C'est ainsi que pour conclure, Jean-Jacques nous donne un résumé exagéré d'un ouvrage déja si fort exagéré lui-même : aussi nous a-t-il prévenus que tout ce qu'il avoit à nous dire sur l'histoire de l'homme, sur l'état de nature n'étoit que des conjectures et des suppositions; il le reconnoît de nouveau en cet endroit.

» Si je me suis étendu si long-temps, dit-
» il, sur la supposition de cette condition pri-
» mitive, c'est qu'ayant d'anciennes erreurs
» et des préjugés à détruire, j'ai cru devoir
» creuser jusqu'à la racine et montrer dans le

» tableau du véritable état de nature com-
» bien l'inégalité, même naturelle, est loin
» d'avoir dans cet état autant de réalité et
» d'influence que le prétendent nos écri-
» vains ».

Jean-Jacques nous a fait voir le tableau du véritable état de nature; et l'état de nature, nous a-t-il dit, n'a peut-être jamais existé.

Quels sont, au reste, les préjugés invétérés que Jean-Jacques se flatte d'avoir détruits par son tableau supposé? Les hommes ont toujours cru que la raison est le don le plus précieux qu'ils aient reçu de la nature. Est-ce un de ces préjugés invétérés? Et Jean-Jacques s'est-il figuré l'avoir détruit avec ses suppositions, ses contradictions, ses absurdités?

Les hommes ont toujours cru qu'ils sont spécifiquement distingués de la brute par l'entendement. Jean-Jacques a-t-il détruit cet autre préjugé, en soutenant que la race des hommes n'est qu'une branche des Orangs-outangs?

Les hommes ont toujours cru que les lois ont été instituées pour réprimer les désordrs des passions. Jean-Jacques a-t-il détruit ce préjugé, en supposant que les désordres des passions ne sont nés qu'avec les lois instituées pour les réprimer?

Les hommes ont toujours cru que les mœurs et les vertus doivent être comptées pour quelque chose dans la société humaine. Jean-Jacques a-t-il détruit ce préjugé, en disant que par-tout où elles sont comptées pour quelque chose, elles excitent les meurtres, les vengeances, et pis encore; que les principes de la sagesse éteignent tout sentiment humain; que les notions de justice font perdre à l'homme sa bonté naturelle, son innocence; que le devoir et la fidélité ne servent qu'à faire des adultères; que les lois de la continence et de l'honneur étendent nécessairement la débauche? etc. etc.

Les hommes ont toujours cru que cette maxime : *Fais à autrui comme tu veux qu'on te fasse*, est la base de l'humanité, de l'égalité, de la bonté. Jean-Jacques a-t-il détruit ce préjugé, en substituant à cette belle maxime sa maxime de bonté naturelle : *Fais le mal d'autrui, si cela est nécessaire pour ton bien?*

Les hommes ont toujours cru que la force et la vertu de l'homme consistent à être maître de soi-même; et la foiblesse et le vice à céder aux impulsions brutes. Jean-Jacques a-t-il détruit ce préjugé, en demandant si l'on ne peut pas dire que c'est vertu que de céder à ses impulsions animales, et que c'est vice que de leur résister?

Les hommes ont toujours cru qu'ils sont naturellement égaux. Jean-Jacques a-t-il détruit ce préjugé, en leur observant qu'ils sont inégaux, parce qu'ils ne sont pas tous nés le même jour, parce qu'ils ne se portent pas tous bien, parce qu'ils ne sont pas tous de la même taille, parce que tous n'auroient pas l'esprit de faire comme lui des romans, des chansons; en supposant en un mot qu'il y a plus de différence de lui à tel autre homme, que de tel homme à la brute.

Si je me suis étendu si long-temps sur les suppositions de Rousseau, c'est qu'ayant ses erreurs et ses préjugés à combattre, j'ai cru devoir creuser jusqu'à la racine, et montrer, dans le rapprochement de ses principales contradictions et absurdités, combien il est loin d'avoir porté le flambeau de la vérité dans la matière qu'il avoit à traiter, et combien il s'est écarté de son sujet, combien même il en a pris le contrepied.

« Il est aisé de voir, poursuit-il, qu'entre les » différences qui distinguent les hommes, plu- » sieurs passent pour naturelles, qui sont uni- » quement l'ouvrage de l'habitude et des di- » vers genres de vie que les hommes adoptent » dans la société. Ainsi, un tempérament ro- » buste ou délicat, la force ou la foiblesse qui » en dépendent, viennent souvent plus de la » manière dure ou efféminée dont on a été » élevé, que de la constitution primitive du » corps. Il en est de même des forces de l'es- » prit, etc. ».

Jean-Jacques, revenant ainsi sur ses pas, nous avertit bien qu'il ne faut pas croire, que les hommes soient naturellement aussi inégaux qu'il le disoit dans le commencement de cet ouvrage; mais cet amendement ne fait que confirmer le fond de sa proposition; et il reste toujours certain que dans les principes de Jean-Jacques, les hommes sont naturellement inégaux.

« Mais quand la nature, ajoute-t-il, affecteroit dans la distribution de ses dons autant de préférence qu'on le prétend, quel avantage les plus favorisés en tirèroient-ils, au préjudice des autres, dans un état de choses qui n'admettroit presque aucune liaison entre eux ».

Voilà donc la question réduite en dernière analyse à savoir, quels avantages l'inégalité peut procurer dans l'état de nature aux plus favorisés au préjudice des autres. Comment Jean-Jacques va-t-il résoudre cette nouvelle question ?

« Un homme pourra bien s'emparer des fruits qu'un autre aura cueillis, du gibier qu'il a tué, de l'antre qui lui servoit d'asyle, le chasser de retraite en retraite, le tourmenter par-tout où il le trouvera; mais comment viendra-t-il à bout de s'en faire obéir »?

Quoi! le fort peut à son gré dans l'état de nature voler piller, tourmenter le foible, le chasser de retraite en retraite, etc. etc.! Et voilà ce que Jean-Jacques appelle nous avoir montré combien *dans le tableau du véritable état de nature l'inégalité, même naturelle, est loin d'avoir dans cet état autant de réalité et d'influence que le prétendent nos écrivains!*

Mais enfin, puisque Jean-Jacques fait consister tous les maux de l'inégalité dans l'obéissance, il falloit prendre ce mot dans toute sa signification. Or, Jean-Jacques ne pouvoit pas ignorer que le mot *obéir* signifie, dans le sens propre, *céder* (1), et dans le sens figuré *se soumettre*.

Ainsi le foible qui, dans l'état de nature, cède et plie au point d'abandonner au fort jusqu'à ses alimens, et de fuir devant lui de retraite en retraite, obéit, dans toute la propre signification du terme; au lieu que dans l'état social, l'homme n'obéit pas à l'homme; il n'obéit qu'à la loi, faite ou consentie par lui; c'est à elle seule qu'il se soumet : ainsi, il obéit librement; et pour me servir des expressions employées ailleurs par Jean-Jacques, il n'obéit qu'à lui-même.

« Quelles pourront être, continue-t-il, les » chaînes de la dépendance parmi les hommes » qui ne possèdent rien? Si l'on me chasse d'un » arbre, j'en suis quitte pour aller à un autre; » si on me tourmente dans un lieu, qui m'empêchera de passer ailleurs »?

L'on a vu un de ces hommes appellés philosophes, jetter tout son bien dans la mer pour crier : Je suis libre. C'eût été une chose plus curieuse encore de voir notre philosophe mo-

---

(1) Voyez le Dictionnaire de l'Académie au mot *obéir*.

derne sauter d'arbre en arbre comme un écureuil, ou s'enfoncer dans une tanière comme un animal sauvage pour pouvoir s'écrier aussi : Je suis libre.

N'est-il pas évident que celui à qui le fort peut ôter tout ce qui lui est nécessaire pour sa subsistance, qu'il peut chasser d'arbre en arbre, de retraite en retraite, est autant sous le joug que l'homme à qui le despote peut ravir toutes richesses?

Qui ne remarqueroit, au travers de ces pitoyables rapsodies, des traits caractéristiques qui peignent fidèlement Jean-Jacques; qui pourroit n'y pas reconnoître l'homme, aux yeux de qui la nécessité d'obéir étoit le plus grand des maux? N'y voit-on pas en plein cette incroyable opiniâtreté qu'il réduisit en principe, et qui fit le poison de ses écrits, ainsi que le malheur de sa vie? Il n'existoit point sur la terre de gouvernement assez modéré, de religion assez douce, pour qu'il pût y rester attaché. Ne reconnoître aucune autorité fut sa loi, sa morale, sa religion. Ses propres principes ne furent point une règle pour lui; s'y tenir eût été un assujétissement ; et il n'en pouvoit supporter d'aucune espèce. Aussi les devoirs de la reconnoissance, ceux de la paternité, les lois, les charmes de l'amour, rien ne put humaniser cette ame féroce.

C'est ainsi qu'en même-temps qu'il fait de son homme naturel le portrait le plus hideux, en même-temps qu'il le dépeint semblable à la brute, mais plus malfaisant et plus misérable qu'elle, il nous dit que les hommes en cet état n'en sont pas moins parfaitement égaux, libres, bons et heureux; que ce n'est pas l'oppresseur qui est méchant, ni l'opprimé qui est misérable; qu'il n'y a de méchant et de misérable au monde que l'homme qui obéit, et c'est de-là qu'il conclut que l'homme n'est méchant et malheureux que sous le régime social, parce que sous ce régime il est soumis à des lois, parce qu'enfin il consent à obéir.

Cette opiniâtreté qui faisoit le caractère de Jean-Jacques, et qui fut toujours inflexible en dépit du siècle si flexible où il vivoit, est ce qui le fit paroître si différent de son siècle, et ce qui l'empêcha de réussir dans l'état social, malgré les efforts de son ambition. Il eût peut-être plus encensé la fortune que ne l'a fait Voltaire, son heureux rival, s'il eût eu autant de liant que lui dans le caractère. Il fut au reste, et je ne veux que ses confessions pour en faire foi, il fut, à tous autres égards, très-semblable à son siècle : c'est tout dire; et c'est à cela qu'il faut attribuer en partie le succès incroyable de ses ouvrages, où il met en jeu toutes les passions sous le nom de droit naturel, où il divinise tous les vices sous le nom de toutes les vertus.

Mais revenons au tableau du véritable état de nature. Jean-Jacques, comme pour n'omettre aucun des traits de la plus horrible tyrannie dans cette affreux tableau, le termine de la manière suivante:

« Se trouve-t-il, dit-il, un homme d'une » force assez supérieure à la mienne (et de » plus assez dépravé, assez paresseux et assez » féroce) pour me contraindre à pourvoir à » sa subsistance pendant qu'il demeure oisif? » Il faut qu'il se résolve à ne me pas perdre » de vue un seul instant, à me tenir là avec un » très-grand soin durant son sommeil, de peur » que je ne m'échappe ou que je ne le tue; » c'est-à-dire, qu'il est obligé de s'exposer vo- » lontairement à une peine beaucoup plus » grande que celle qu'il veut éviter et que » celle qu'il me donne à moi-même ».

L'on conviendra que si le but de Jean-Jacques eût été de faire voir que l'inégalité, la servitude et l'esclavage sont mille fois plus effreux dans l'état de nature que dans l'état social, il n'eût pas pu employer des couleurs plus fortes; mais tout cela, selon lui, ne fait rien : l'égalité, la liberté n'en sont point altérées.

« Après tout, ajoute-t-il, sa vigilance se » lâche-t-elle un moment, un bruit imprévu » lui fait-il détourner la tête? je fais vingt » pas dans la forêt, mes fers sont brisés; il » ne me revoit de la vie ».

Voilà donc enfin le foible délivré; le voilà dans la forêt errant en liberté; il n'a plus d'autres maux à craindre que ceux de la misère, de la faim, de la soif, les intempéries des saisons, les combats continuels entre ses semblables ou autres animaux, jusqu'à ce qu'il soit mis en pièces, ou qu'il retombe entre les mains d'un nouveau tyran.

Tel est, selon Jean-Jacques, l'heureux état de nature, cet état d'égalité dans lequel il nous fait voir lui-même que la dépendance du foible envers le fort étoit d'autant plus cruelle que l'oppresseur étoit obligé de prendre plus de précaution pour s'assurer le fruit de sa tyrannie, et pour sa propre sûreté; tellement qu'au lieu de faire voir que dans l'état de nature le fort et le foible sont également heureux, il fait voir qu'ils sont horriblement misérables, l'un en opprimant, l'autre étant opprimé.

Tel est l'état où cet ami des hommes voulut ramener le genre-humain : voilà ce qu'il appelle être égaux, libres, bons et heureux, *ne pas obéir;* voilà où se borne toute la science du bonheur qu'il annonce au genre-humain avec tant d'emphase.

Je ne vous dis pas, s'écrie-t-il, que vous n'aurez pas des tyrans, mais vous ne connoîtrez point de supérieurs légitimes; je ne vous dis pas que vous ne serez pas sous le joug de la force, mais vous ne serez pas soumis à des lois; voilà ce que j'appelle ne pas obéir; et ne pas obéir, c'est être égaux, libres, bons et heureux.

Qui ne reconnoîtroit à toutes ces extravagances celui qui crut son esprit illuminé, parce que sa tête avoit été frappée d un coup de soleil ? Qui n'y reconnoîtroit sur-tout ce funeste délire de l'indépendance qui l'avoit frappé longtemps avant qu'il l'eût été du coup de soleil ?

Au tableau que nous venons de voir de l'homme fort vis-à-vis du foible, il faut joindre celui que Jean-Jacques fait de l'homme en général vis-à-vis de la brute.

« Les bêtes féroces, dit-il, qui n'aiment point » à s'attaquer l'une à l'autre, s'attaqueront peu » volontiers à l'homme qu'elles auront trouvé » tout aussi féroce qu'elles. A l'égard des animaux qui ont réellement plus de force qu'il » n'a d'adresse, l'homme trouvant sur les arbres un refuge presque assuré, il a par-tout » le droit de le prendre ou de le laisser, dans » la rencontre, et le choix de la fuite ou du » combat (1). Il est au reste vis-à-vis d'eux dans » le cas des autres espèces plus foibles qui ne » laissent pas de subsister ».

L'espèce du ver de terre ne laisse pas de subsister aussi, quoique servant de pâture à d'autres animaux.

Quelle heureuse, quelle brillante destinée Rousseau promet à l'espèce humaine !

« Après avoir prouvé, continue Jean-Jacques, » que l'inégalité est à peine sensible dans l'état

(1) Le singulier raisonnemet qu'il a fait sur le mot *obeir*, et de la manière dont il met ici l'homme aux prises

» de

» de nature, que son influence y est presque
» nulle; il me reste à montrer son origine et
» ses progrès dans les développemens succes-
» sifs de l'esprit humain ».

Quand Jean-Jacques nous dit que cette même inégalité, dont il vient de nous tracer tant et de si affreux tableaux dans l'état de nature, est presque nulle; quand il nous dit qu'il nous l'a prouvé par ces tableaux mêmes, on est tenté d'abord de le prendre pour un homme absolument fou, ou pour un imposteur forcené. Cependant, l'on peut reconnoître que c'est son caractère qui parle dans ses écrits, et que c'est le tableau de ses propres affections qu'il nous a donné pour le tableau du véritable état de nature.

Son épouvantable opiniâtreté, qu'il réduisit en principe, fut, comme nous l'avons déjà observé, sa loi, sa morale et sa religion.

Cette loi, cette morale, cette religion d'un cœur fermé à toute subordination; ces principes semés dans l'ouvrage entier, Jean-

---

avec l'animal, rappellent entr'autres ce trait puéril et capricieux dont l'on n'a tant parlé que parce que tout se remarque de la part des hommes célèbres. Jean-Jacques n'ayant pas voulu, dans une rencontre où il avoit *le prendre ou le laisser*, céder un pied du chemin à un chien qui précédoit un équipage, et qui s'étant trouvé *avoir réellement plus de force que notre philosophe n'avoit d'adresse*, le jetta sur la poussière; notre homme resta dans cette position jusqu'à ce que des passans prissent le soin de le relever, ne voulant pas, d'après son système, avoir à se reprocher d'avoir *obéi*, en se relevant de lui-même.

Jacques en présente ici le résumé, quand il dit qu'il a prouvé que l'inégalité est à peine sensible dans l'état de nature, et que son influence y est presque nulle. Cela seroit un mensonge avéré, s'il ne nous avoit pas expliqué comment il l'entend; mais il nous l'a expliqué. Il n'a point déguisé les effets de l'inégalité de force dans l'état de nature; et nous avons l'imagination encore toute remplie de l'homme naturel sautant d'arbre en arbre, fuyant de retraite en retraite pour éviter d'être pillé, enchaîné, tourmenté, mis en pièces par le plus fort: mais il a dit que dans l'état de nature tous ces maux sont nuls; il ne nous a pas déguisé les faits à cet égard, mais il a voulu que nous en vissions les conséquences à sa manière. Il y a plus, Jean-Jacques ne disconvient pas même que les maux de l'état de nature ne diminuent sous le régime social; mais il observe que ce ne peut être que par les lois; et que les lois nécessitant l'*obéissance*, qui, selon Jean-Jacques, dégrade l'homme en même temps que les développemens de la raison lui ôtent son insensibilité, les lois et la raison s'unissent pour rendre l'homme malheureux par l'imagination, quoique moins misérable en effet.

Or, ces principes étoient pris entièrement dans le caractère de l'auteur. Jean-Jacques est peut-être le seul homme connu en qui le caractère d'entêtement opiniâtre, que l'on voit quelquefois dans l'enfance, se soit perpétué et même avec accroissement pendant tout le cours de sa vie, et cela en dépit du siècle si flexible où il a vécu, et dont il étoit tant rapproché d'ailleurs : aussi, n'est-ce qu'à la corruption et à l'abjection du siècle, ainsi qu'à la magie du style de Rousseau, qu'il faut attribuer le succès de l'ouvrage le plus ridicule, comme le plus absurde et sûrement le plus déraisonnable qui ait jamais paru (1).

Voici comme Jean-Jacques termine cette première partie d'une si révoltante production.

« Après avoir montré, nous dit-il, que » la perfectibilité, les vertus sociales et les » autres facultés que l'homme naturel avoit » reçues en puissance, ne pouvoient jamais » se développer d'elles-mêmes, qu'elles » avoient besoin pour cela du concours de » plusieurs causes étrangères qui pouvoient » ne jamais naître, et sans lesquelles il fût » resté éternellement dans la condition pri» mitive, il me reste à considérer et à rap» procher les différens hasards qui ont pu » perfectionner la raison, en détériorant l'es-

(1) Je serois curieux de savoir quel jugement les Anglais ont pu porter sur le traité d'inégalité. L'Angleterre passoit pour le séjour de la liberté, la France pour celui du despotisme; la tolérance étoit établie en Angleterre, et non en France, considération très-essentielle pour Jean-Jacques, qui changeoit de religion comme de trétaux. L'Angleterre étoit en outre le pays le plus réputé pour la philosophie. Cependant Jean-Jacques fuyant sa patrie, qui elle-même étoit un pays de liberté et de tolérance, préféra pour sa retraite et pour son théâtre la France; n'est-il pas évident qu'il redoutoit moins pour sa personne et pour ses écrits le despotisme du gouvernement français, que les juges et les critiques d'Angleterre?

» pèce, et rendre un être méchant, en le » rendant sociable ».

La perfectibilité, nous dit Jean-Jacques, est la faculté de se perfectionner; cette faculté (c'est le même Jean-Jacques qui parle), cette faculté inhérente en l'homme, tant dans l'espèce que dans l'individu, développe successivement toutes les autres facultés à l'aide des circonstances : il nous dit actuellement que c'est à l'aide de circonstances étrangères qui pouvoient ne jamais arriver, et qu'il nous l'a démontré. Où est donc cette démonstration? Il nous a parlé d'un langage naturel le plus énergique, et suffisant aux besoins de l'homme, jusqu'à ce qu'il fallût persuader les hommes assemblés. L'exercice de ce langage naturel est une circonstance sans cesse renaissante, à l'aide de laquelle la perfectibilité développe en l'homme la faculté de parler: il n'y a pas jusqu'à la moindre des pensées de l'homme qui ne soit une circonstance à l'aide de laquelle la perfectibilité développe en lui la faculté de penser. La pensée et la parole s'exercent principalement sur tout ce qui est relatif à nos besoins, à nos sensations, à nos passions. Ces circonstances assurément ne nous sont point étrangères. Quant aux vertus sociales, Jean-Jacques nous a assuré qu'elles découloient toutes de la pitié, qui est un des deux principes qu'il découvre dans l'ame avant la raison, et qui par conséquent n'est point non plus une circonstance étrangère.

Quoi qu'il en soit, ce sera sans doute une chose curieuse de voir dans la seconde partie du discours de Jean-Jacques le concours fortuit des causes étrangères à l'homme, qui ont pu perfectionner sa raison en détériorant l'espèce, et le rendre méchant en le rendant social, et en le mettant sous la sauve-garde des lois (1).

POUR NOUS RESUMER,

LA QUESTION que Jean-Jacques avoit à traiter, consistoit à savoir quelle est l'origine de l'inégalité parmi les hommes, et si elle est autorisée par la loi naturelle.

Nous l'avons vu déclarer, dès les premières pages de son discours, que l'inégalité est non pas seulement autorisée par la loi naturelle, mais établie par la nature même; que pour faire succéder le droit à la violence, et adoucir par conséquent l'inégalité naturelle, les hommes ont établi une inégalité politique ou constitutionnelle, et que le dogme lui-même établit

---

(1) Nous voyons, dans les confessions de Jean-Jacques, la querelle qu'il eut avec son ami Diderot. Celui-ci avoit avancé, dans l'un de ses écrits, qu'il n'y a que le méchant qui vive seul. Le solitaire Jean-Jacques trouva très-mauvais que son ami n'eût pas fait une distinction honorable en sa faveur; et disant, de son côté, que l'homme sociable est méchant, il n'excepte pas non plus le social Diderot. Les voilà quittes. Je n'examinerai pas si ces philosophes avoient tort ou raison de ne se pas excepter l'un l'autre, en parlant de l'homme méchant; mais puisque c'est pour l'instruction des hommes que les philosophes écrivent, je demanderai quelle instruction nous offrent, dans cette question importante, les opinions de ces deux philosophes, dont l'un soutient que l'homme méchant est celui qui est insociable; et l'autre, que l'homme méchant est celui qui vit en société.

une troisième source d'inégalité, plus douce que les deux premières.

Nous avons vu, qu'après avoir ainsi tranché tout d'un coup sur la question de l'académie, tout le reste de l'ouvrage est employé en déclamations contre les développemens successifs de l'entendement humain, contre la raison, la sagesse, la fidélité, les lois de l'honneur et de la continence; en un mot, contre les mœurs, les qualités et les vertus qui empêchent l'homme en société de se livrer, comme dans l'état de nature, aux impulsions brutales. Nous l'avons vu redoubler ses emportemens contre l'établissement des sociétés, qui, en substituant le droit à la violence, l'empire légitime des lois à la tyrannie du fort, change en un être esclave et méchant l'homme bon et libre de l'état de nature, et rend excessive et intolérable, dans l'état social, l'inégalité qui étoit presque nulle dans l'état de nature. Au lieu donc qu'il avoit à traiter de l'origine de l'inégalité, il a trouvé plus à sa convenance de traiter de ses effets, substituant ainsi une question à sa guise à celle de l'académie, comme si elle étoit vaine. Or, je crois avoir démontré qu'elle n'est point vaine, que l'égalité parmi les hommes n'est pas un mot vuide de sens. Si Rousseau a vu l'inégalité naturelle parmi les hommes, en ce qu'ils ne sont pas tous de mêmes taille, force et santé, je vois parmi eux l'égalité naturelle qui consiste, ainsi que je l'ai exposé en son lieu, en ce que tous les hommes sont de la même espèce; que les qualités de l'esprit et de l'ame sont naturellement les mêmes chez tous; qu'aucun homme n'est privé d'une seule des qualités propres à son espèce, bonne ou mauvaise, sauf la diversité avec laquelle elles sont modifiées et développées dans chaque individu.

Si Rousseau n'a vu dans la société civile qu'inégalité politique, qu'il déduit de la différence des rangs et des fortunes, j'y vois l'égalité politique, en ce que le propre de la société civile est que riches et pauvres, chefs et autres, soient également soumis aux lois faites ou consenties par tous.

S'il ne voit dans la religion qu'inégalité dogmatique, en ce que le dogme reconnoît la légitimité des autorités constituées, j'y reconnois l'égalité dogmatique, puisque la religion enseigne formellement que tous les hommes sont égaux, appellés à une même destination, et ayant tous les mêmes moyens naturels d'y parvenir. Ainsi, là où Jean-Jacques a trouvé trois espèces d'inégalité, j'ai trouvé trois espèces d'égalité.

Puis donc que l'égalité des hommes n'est pas une chimère, l'académie de Dijon voyant l'inégalité qui cependant règne parmi eux, a pu demander quelle en est l'origine, et si elle est avouée par le droit naturel. Elle n'a point entendu demander pourquoi les hommes ne sont pas tous également grands, forts, bien portans, etc. : donc elle n'a point eu en vue ce que Jean-Jacques appelle inégalité naturelle; elle n'a point entendu demander pourquoi les hommes ont formé une hiérarchie politique, puisqu'elle est le fondement de la société civile. Mais elle a envisagé que les hommes étant tous de droit et par le titre même de leur association, également soumis à la loi, et cette égalité de droit étant rompue par le fait, l'inégalité qui en résulte parmi les hommes, choque à-la-fois les vues de la nature, de la religion et de l'association politique.

C'est, il n'en faut point douter, sur cette inégalité morale que l'académie a voulu fixer l'attention; elle n'a même pu avoir d'autres vues, puisqu'il est impossible qu'il n'y ait pas dans l'ordre physique et dans l'ordre politique les différences qui constituent les forts et les foibles, au lieu qu'il n'est pas impossible que tous soient également soumis à la loi.

La question de l'académie de Dijon ne pouvoit donc tendre qu'à ramener les hommes à l'égalité morale. Ce n'étoit pas ce que vouloit Rousseau : c'est pour cela que nous l'avons vu mettre d'un trait de plume cette proposition à l'écart, et lui en substituer une autre, dont il pût abuser pour élever un cri de guerre universel, et prêcher le renversement de toutes les sociétés. Mais il ne pouvoit renverser les sociétés qu'en anéantissant les religions, puisque les religions et toutes les sociétés portent sur une même base (*l'obéissance*). Rousseau, ennemi né de toute obéissance, se trouvoit ainsi, par la fatalité de son étoile, ennemi naturel de tout ordre civil et religieux. Ce fut donc à l'anéantissement de l'un comme de l'autre qu'il travailla. On diroit que ce fut la désobéisance personnifiée, vomie par l'enfer à une époque où l'esprit d'indépendance, répandu dans presque tous les cœurs, n'avoit besoin pour éclater que d'un point de ralliement tel que les écrits d'un semblable *apôtre.* Quel opprobre pour notre siècle, et quelle marque plus funeste de la décrépitude du monde, que les succès épouvantables d'un malheureux pétri d'opiniâtreté, qui dans son noir cerveau, brûlé encore par le coup de soleil de Vincennes, dont lui-même il se targue, conçut le renversement de toutes sociétés et religions, et l'abrutissement de l'espèce humaine !

Fin du premier cahier.

TABLE DES MATIÈRES.

EXPOSITION DU SUJET.

PREMIÈRE SECTION.

DISCUSSION ANALYTIQUE DU DISCOURS DE JEAN-JACQUES ROUSSEAU SUR L'ORIGINE DE L'INÉGALITÉ.

Que le dépôt des arts et les avantages de la société devinrent le partage exclusif du petit nombre, la simple main-d'œuvre et le fardeau social celui de la multitude.

Réformes heureuses à faire dans notre prétendu ordre social.

Pag. 117 et suiv. Des inconséquences de Rousseau et de bien d'autres savans ou non savans, au sujet des anciens et de la découverte des sciences.

La découverte de l'astronomie attribuée par les philosophes à de simples pâtres de Chaldée.

Découverte de la géométrie attribuée de même à de simples cultivateurs des bords du Nil.

Observations sur ces opinions, et sur l'admirable simplicité et uniformité des mœurs, et du gouvernement qui devoit régner chez ces anciens peuples, pour que leurs pâtres se rendissent familières les contemplations de nos savans, ou que leurs savans se donnassent aux occupations de nos pâtres.

Du *Fatum*, divinité suprême des peuples orientaux.

Pag. 123 et suiv. Suite d'observations touchant l'altération des connoissances, de l'industrie, ainsi que du tempérament physique des hommes.

Du déluge, et de l'altération qu'il a causée parmi les qualités et les végétations du globe, et par conséquent de ses habitans.

De l'altération du langage naturel par la formation des langues factices.

De l'altération du gouvernement naturel ou patriarchal, par la formation du gouvernement conventionnel et factice que l'on appelle civil ou politique.

Que ce genre de gouvernement ne peut avoir pris naissance que dans la seconde dynastie du genre humain.

Que les deux branches issues d'Adam, l'une par Caïn et l'autre par Seth, étant restées unies, les hommes de cette dynastie n'eurent point à se choisir de chefs pour se faire la guerre, ni à intervertir l'ordre naturel du gouvernement.

Fin de la Table des matières.

ERRATA.

Page 1, patriciens ou, *lisez* patriciens et.

Page 58, nouvelle pierre, *lisez* nouvelle Pyrrha.

Page 67, A la suite de ces mots : *Et sine ipso factum est nihil*, ajoutez ceux-ci : *Quod factum est.*

Page 95, naturellement, *lisez* mutuellement.

Page 97, on le rappelle, *lisez* on le répète.

Page 116, les observations, *lisez* ces observations.

www.ingramcontent.com/pod-product-compliance
Ingram Content Group UK Ltd.
Pitfield, Milton Keynes, MK11 3LW, UK
UKHW012210240726
13966UKWH00002B/680